COUR D'ASSISES
DU LOIRET.

ORLÉANS. — IMPRIMERIE DE PELLISSON-NIEL,
Seul Imp.-Lib. de l'Évêché,
RUE ROYALE-VIEILLE-POTERIE, N. 23.

COUR D'ASSISES DU LOIRET,

Ouvertes le 28 Janvier 1833.

~~~~~~

PROCÈS

DE

MM. DE CIVRAC, MORICET

ET AUTRES.

Mort de Cathelineau.

ORLÉANS,

CHEZ PELLISSON-NIEL, GATINEAU ET PESTY;

PARIS,

DENTU, Libraire, au Palais-Royal.

1833.

COUR D'ASSISES

DU LOIRET.

PROCÈS

De MM. le Marquis de Civrac, Moricet et autres.

A 11 heures les accusés sont introduits précédés d'une douzaine de gendarmes. En outre de cette force municipale, un peloton de grenadiers du 9ᵉ régiment est rangé en bataille entre le barreau et la place destinée au public. Tout l'auditoire se lève.

M. de Civrac paraît fort tranquille, et salue ceux de ses amis qui sont dans la salle.

Le banc des accusés formé de planchès assez sales et disposées en gradins, se trouve rempli par les accusés et les gendarmes qui flanquent chacun de ces messieurs.

Mᵉ Janvier (*): « Je ne veux pas de gendarmes entre mes cliens et moi.»

M. le chef d'escadron commandant la *force armée:* «Alors expliquez-vous en avec M. le président, qui seul peut décider sur cette prétention. »

Mᵉ Janvier: « Je n'y manquerai pas. »

(*) C'est l'avocat célèbre du barreau d'Angers.

1

Un huissier: « la Cour, messieurs. »

La Cour prend place.

M. le président: «La parole est à M. l'avocat-général.»

M. l'avocat-général invoque l'article 394 du Code d'instruction criminelle, qui donne aux présidens de Cour la latitude d'augmenter le juri de deux jurés supplémentaires et la cour, d'un conseiller. Cette formalité, dit M. le président, est utile aux intérêts des accusés dans les causes d'un haut intérêt et qui peuvent durer long-temps.

La Cour se retire ainsi que MM. les jurés pour le tirage au sort de ces derniers.

Les accusés sortent aussi.

Ils sont au nombre de neuf :

MM. le marquis de Civrac, Moricet, Guinehut, le curé Brouard, Lhuillier, Pineau, Sailles, Cailleau et Sinan.

Ils sont défendus par: Me Janvier pour MM. de Civrac et Moricet. Les autres accusés sont assistés par Mes Des Portes, Jules Johanet, Gain, Auguste Johanet, Bouhier de l'Ecluse (du barreau de Paris) et Boucher de Molandon.

La Cour est présidée par M. de Vauzelles. Assesseurs: MM. Fougeron et Huteau. Conseiller supplémentaire: M. Paulin Douville.

Après une demi-heure d'absence, la Cour rentre dans la salle.

M. le président procède aux questions d'usage sur leurs nom, profession, domicile, etc.

M. de Civrac déclare se nommer Alexandre-Emerie de Durfort, marquis de Civrac, chevalier de Saint-Louis et de la Légion-d'Honneur.

Toutes ces réponses sont faites avec une parfaite tranquillité.

MM. les jurés prêtent serment. Voici leurs noms:

MM. Demorcay, chef du juri, Cotelle, Joly Robineau, Cribier-Roger, Jutteau-Fouschard, Pouillot-Lory, Gellet, Lechevallier, Bimbenet, Barriat, Garnier, Méthiviers-Lebrun. *Jurés supplémentaires* : Couteau, Desbois.

Lecture est donnée du plus volumineux acte d'accusation qui jamais ait fatigué l'organe d'un greffier.

L'auditoire est nombreux, et composé de la meilleure société d'Orléans. Plusieurs officiers en uniforme de différens corps sont remarqués.

Beaucoup de dames sont dans l'enceinte. Toute la famille de M. le Marquis de Civrac et celle de M. le duc de Lorges son frère, sont placées près du banc des accusés.

L'accusé Moricet est un ancien receveur particulier des finances.

L'accusé Brouard est curé de Jallais.

Le marquis de Civrac était pair de France et maréchal de camp.

ACTE D'ACCUSATION.

Le procureur-général près la Cour royale d'Angers, en exécution de l'arrêt de cette Cour, en date du onze septembre, qui renvoie en état d'accusation, devant la cour d'assises du département de Maine-et-Loire, les nommés de *Civrac, Moricet, Brouard* fils aîné, *Guinehut,* Jean *Sailles,* Jean *Cailleau, Pineau, Sinan* et *Lhuillier* fils, expose que, de la procédure instruite contre les ci-dessus dénommés à la cour royale d'Angers, en vertu de l'arrêt d'évocation de ladite Cour, en date du vingt-neuf mai 1832, résultent les faits suivans :

A toutes les époques, l'arrondissement de Beaupréau a été tourmenté par des agitations politiques. En 1793 comme en 1815, la position centrale de cette ville, et

surtout l'esprit des habitans, en fit le point de réunion
de tous ceux qui voulaient renverser le gouvernement établi. Après la révolution de 1830, ce fut encore là que de
nouvelles trames s'ourdirent contre le gouvernement.

A la nouvelle du renversement de la dynastie de Charles X,
des nobles, des prêtres, des anciens chefs des armées vendéennes et quelques fonctionnaires publics, se réunirent
dans le but de soulever le pays. Plusieurs assemblées
eurent lieu à ce sujet; MM. de Civrac père et Moricet
aîné, alors receveur particulier, en firent partie. A la suite
de ces assemblées, les lettres et les journaux furent inter-
ceptés à la poste pendant huit jours, de sorte qu'aucune
nouvelle politique ne pénétrait dans l'arrondissement. Pendant cet intervalle, M. le général Despinois arriva à Beaupréau, à la tête d'un régiment de cuirassiers et d'un régiment d'infanterie. Ces troupes devaient former le noyau
de la nouvelle armée de Charles X, dont on annonçait l'arrivée, et pour lequel on retint les chevaux du haras de la
Bellière. Enfin, on organisa un gouvernement provisoire,
qui expédia des émissaires dans toutes les directions, pour
sonder les dispositions du pays. Mais le pays n'ayant pas
répondu à l'attente de ceux qui l'avaient provoqué à mani-
fester ses intentions; en outre, la désertion s'étant mise
parmi les soldats, la majorité de ce gouvernement éphémère se prononça contre le soulèvement immédiat; on
laissa distribuer les journaux et les lettres, et tout sembla
rentrer dans l'ordre.

Cependant on ne renonça à aucun projet d'insurrection;
mais seulement on n'osa plus en préparer ostensiblement
l'exécution; on agit sourdement et avec circonspection.
A cette époque, plusieurs personnes remarquables par
leur position et par leur dévoûment à l'ex-roi Charles X,
se réfugièrent dans l'arrondissement. L'opinion publique

ne tarda pas à les signaler comme étant les instigateurs de la chouannerie, et comme devant former les cadres de l'armée de Henri V, s'ils parvenaient à soulever le pays Les prévisions du public se justifièrent en partie; car bientôt on vit des bandes isolées parcourir l'arrondissement, vivre aux dépens des gens des campagnes, et cependant recevoir une solde journalière. Ces petites troupes, qui fuyaient aussitôt qu'elles apercevaient des soldats, avaient pour but d'entretenir et de fomenter l'esprit de sédition, de gêner la marche du gouvernement et d'attendre une occasion favorable pour attaquer en masse. Pendant ce temps-là, les chefs organisaient les moyens de succès pour l'insurrection générale; ils s'approvisionnaient de poudre, de balles, de toutes sortes de munitions de guerre, et confectionnaient des cartouches. C'était ordinairement dans les vieux châteaux abandonnés que se faisaient ces préparatifs; plusieurs de ces châteaux contenaient encore des munitions qui y avaient été déposées en 1815; car alors, bien que la Vendée fût tranquille, elle ne se désarma pas même en faveur du pouvoir alors existant.

Beaupréau avait donc son agence directrice chargée de pourvoir aux moyens d'un prochain soulèvement. Une correspondance active s'établit sur tous les points; des piétons portaient aux agens qui résidaient dans les diverses communes de l'arrondissement, les ordres qu'ils recevaient, soit par écrit, soit verbalement, des agens supérieurs. enfin des grades furent donnés, et les chefs de l'insurrection reçurent l'ordre de se tenir prêts à agir au premier signal.

L'époque du soulèvement général fut plusieurs fois indiquée; mais, soit que les précautions nécessaires ne fussent pas suffisamment prises, soit qu'on se défiât des dispositions du pays, toujours on donnait contr'ordre. Une com-

binaison politique, étrangère à la France, sembla présenter
une occasion propice pour mettre à exécution un complot
qui lui-même était subordonné à l'exécution d'un complot
plus vaste. Le ministère anglais qui avait accueilli la révolution de 1830, venait d'être changé; la duchesse de
Berri débarquait en France, elle devait se jeter dans la
Vendée, tandis que M. de Bourmont ferait révolutionner
le Midi; alors l'ordre fut donné d'agir sur tous les points
à la fois. Après quelques hésitations, on arrêta d'abord
que la prise d'armes aurait lieu le 24 mai, ensuite elle fut
remise au vingt-huit. En conséquence, des lettres de con-
vocation furent adressées à tous les chefs et sous-chefs des
communes, avec injonction à chacun d'eux de se trouver
dès la pointe du jour au rendez-vous général, à la tête des
gens qu'ils auraient pu entraîner dans la sédition.

Quelques jours avant cette époque, les séditieux agissaient ouvertement dans l'arrondissement de Beaupréau;
partout ils répandaient le bruit que dans quelques jours
Henri V, au nom duquel ils s'insurgeaient, serait sur le
trône : leurs démarches étaient si assurées et leur confiance
si grande que les campagnes étaient convaincues que les
choses allaient changer. De fréquens conciliabules se
tenaient dans la maison de M. Moricet, à Beaupreau; les
instigateurs du soulèvement y passaient des journées
entières. M. Moricet était l'un des hommes les plus actifs
du parti. Lui et M. Cathelineau, qui a été tué, étaient continuellement à cheval; ce qui éveilla l'attention de l'autorité, au point qu'elle les fit prévenir que s'ils continuaient
leurs courses les troupes les arrêteraient. Ces deux messieurs, qui se connaissaient fort peu avant la révolution de
juillet 1830, devinrent intimes aussitôt qu'elle fut ac-
complie.

Le nom de M. Cathelineau ne figurerait point ici s'il

n'était nécessaire de mentionner ses rapports avec MM. Moricet et de Civrac; or, cette nécessité est d'autant plus impérieuse que rien n'est plus évident que la participation de Cathelineau au complot qui a précédé le soulèvement. C'est lui qui a pris le soin de se procurer de la poudre, des balles et des bons pour payer les dépenses qu'occasionnerait la présence des insurgés dans les campagnes; c'est lui qui a eu des relations directes avec les bandes qui depuis deux ans environ se tiennent dans l'arrondissement de Beaupreau, c'est lui enfin, qui a donné à ces bandes de l'argent, du linge, et s'est montré un des chefs les plus hardis du complot.

Moricet a fait plusieurs absences. Une de ces absences s'est prolongée depuis les premiers jours du mois de novembre 1830, jusqu'au 17 ou 18 du mois de janvier suivant. D'abord on dit dans le public qu'il était en fuite parce qu'il s'était compromis dans les bandes; on dit ensuite qu'il était à Paris; plus tard, on répandit le bruit qu'il était en Suisse. Personne ne pouvait comprendre comment Moricet, dont la fortune ne lui permettait guère de faire des voyages dispendieux, pouvait voyager autant qu'il le faisait, et ces réflexions accréditaient l'opinion qu'il agissait dans l'intérêt du parti légitimiste; on a dit aussi qu'il était allé à Holy-Rood. Après les événemens de juillet, il continua pendant quelque temps ses fonctions de receveur particulier, cependant il n'envoya pas sa caisse à Angers ainsi qu'il le devait d'après les instructions; on rapporte qu'il la conservait pour l'armée de Charles X. Une réunion qui eut lieu chez lui un lundi du mois de mai dernier frappa particulièrement l'attention des habitans de Beaupréau, et leur parut le présage d'une insurrection prochaine. A cette réunion se trouvaient tous les gens dévoués à l'ancien gouvernement, et tous les chefs qui plus tard ont figuré à la tête des bandes insurgées. Les agens subalternes du parti se tenaient dans la rue en face de la maison de Moricet où étaient les principaux agens. Tous ces individus parlaient entre eux mystérieusement ; ils abordaient les gens de la campagne et prenaient avec eux des manières plus familières et plus affectueuses qu'à l'ordinaire : on fit l'observation que l'époque de cette réunion coincidait avec l'époque d'un mouvement qui eut lieu à Paris.

Le sept mai dernier, Moricet se fit délivrer un passeport à Beaupréau, pour aller à Paris. Néanmoins il n'exécuta pas ce voyage dont il attribua le retard à la crainte de l'épidémie régnante alors. Il resta plusieurs jours ignoré dans sa maison et ne se détermina que le vingt-trois mai à aller se réfugier dans un vieux château appelé la Chapronnière, où il arriva à minuit, avec Cathelineau. Cette démarche, dit-il, avait pour but de le soustraire aux effets d'un mandat d'arrêt qui avait été lancé par un commissaire spécial à Nantes, contre lui, de Civrac et Cathelineau. Des personnes de Nantes, en qui tous les trois ont la plus grande confiance, leur avaient successivement envoyé trois exprès pour leur donner avis de ces mandats d'arrêts, et ce fut d'après les instances réitérées de sa famille, qui était effrayée des circonstances qui avaient accompagné l'entrée de M. Barbier Dudoré père, à Nantes, qu'il se décida à ne plus paraître en public.

Dans un premier interrogatoire, Moricet n'avait point parlé d'un mandat d'arrêt, mais seulement d'un mandat d'amener décerné par un commissaire spécial, ou par le général Solignac. La vérité est qu'aucun mandat ni d'amener ni d'arrêt n'avait été décerné par les autorités de Nantes, contre MM. Moricet, Cathelineau et de Civrac.

Jusqu'à la nouvelle du débarquement en France de la duchesse de Berri, M. de Civrac a semblé vivre éloigné de toute intrigue. Il ne paraît pas qu'il ait assisté aux réunions qui avaient lieu chez Moricet; mais ses fils y ont été quelquefois, entre autres lors de la réunion du lundi du mois de mai, ils se rendirent chez Moricet, à quatre ou cinq heures du soir. Plusieurs personnes à son service ont été signalées par leurs manœuvres et leurs propos séditieux. Un de ses gardes a cherché à acheter des armes, notamment un fusil de soldat. Ses domestiques ont été dénoncés comme payant à boire aux jeunes gens qui passaient pour être disposés à se soulever. Ses fermiers recevaient journellement les bandes; on ignore s'ils recevaient ces bandes par ordre ou forcément; toutefois rien ne porte à croire que M. de Civrac ait cherché à les en empêcher. MM. de Kersabiec fils, qui sont partis de Bouillé à la tête d'hommes armés, dans la nuit qui précède l'insurrection du 4 juin, dernier, faisaient de fréquens voyages à Beaupréau, et toujours ils descendaient chez M. de Civrac. Quelques jours avant le soulèvement, ils parurent plusieurs fois à Beaupréau, sans qu'aucun intérêt de fortune les y attirât. De cette maison, il était facile de communiquer directement avec l'intérieur du château. L'apparition subite de M. de Bouillé dans l'arrondissement de Beaupréau, où il était étranger, et surtout ses courses journalières dans le pays, firent penser qu'il n'était venu que pour préparer la guerre civile : du reste, il est compris dans une autre procédure, sous une autre accusation de cette nature.

Le quatorze mai, un jeune homme est allé prévenir le curé de la Chapelle-Aubry, que MM. de Civrac et Cathelineau arriveraient chez lui dans la soirée. Ce jeune homme, que M. le curé affirme ne point connaître, attendit ces messieurs. M. de Civrac arriva à dix ou onze heures du soir avec M. Cathelineau ; ce dernier repartit le 16, de Civrac resta seul jusqu'au 21 ; ce jour là, 21 mai, de Civrac chargea un ancien capitaine vendéen nommé Horeau, d'aller de sa part chez Pierre Guinehut, fermier à la Chapronnière, lui dire de venir le chercher dans la soirée à la Chappelle-Aubry; Horeau, n'ayant pas trouvé Guinehut à la Chapronnière, se rendit à Beaupréau, où il lui fit part des projets qu'avait M. de Civrac, de se cacher à la Chapronnière ; Guinehut répondit qu'il irait dans la soirée chez le curé de la Chapelle-Aubry ; lui et Horeau se dirent en se quittant : *qu'est-ce-que cela signifie?* . . . . . *Il va donc y avoir quelque chose ?* Guinehut remplit fidèlement sa promesse, et le 21 mai au soir M. de Civrac arriva à la Chappronnière, où Moricet et Cathelineau le rejoignirent deux jours après. Les motifs qui ont engagé M. de Civrac à se cacher, sont les mêmes que ceux qui y ont engagé M. Moricet. Lui aussi dit avoir été prévenu qu'un mandat d'amener avait été décerné contre lui ; il voulait pourvoir à sa sûreté personnelle, craignant de courir les mêmes dangers que M. Barbier-Dudoré , lors de son arrivée à Nantes. Plus tard il a parlé d'un mandat d'arrêt. Il est à remarquer qu'en arrivant chez le curé de la Chapelle-Aubry, il n'expliqua point sa fuite par la crainte qu'il avait conçue en apprenant ce qui était arrivé à M. Barbier-Dudoré. Voici ce que rapporte à cet égard le curé de la Chapelle-Aubry : M. de Civrac, après avoir parlé du mandat d'arrêt décerné contre lui, a ajouté: «Mon dessein était d'aller trouver le » général à Nantes, et de me constituer prisonnier, parce » que je défie à qui que ce soit de rien trouver contre moi » de répréhensible; je ne me suis décidé à m'absenter de » chez moi qu'à la sollicitation de ma famille, qui m'a » représenté que si je me constituais prisonnier *je courais*

» *risque de rester long-temps dans les prisons* avant qu'on
» jugeât mon affaire, comme cela est arrivé à tant d'au-
» tres, qui, après plusieurs mois de détention, ont été
» déclarés non coupables. »

Le vieux château de la Chapronnière, que MM. Moricet,
de Civrac et Cathelineau avaient choisi pour se cacher,
est situé à une lieue de Baupréau, et à un quart de lieue
de la grande route qui conduit à Cholet : par son isolement et par sa construction remarquable, il offre un asile
propice à ceux qui viennent s'y cacher.

Les bandes d'insurgés y allaient souvent, particulièrement la bande de Buffard. Celui-ci y avait couché long-
temps, dans une barge de fagots, élevée vis-à-vis une grande
croisée qui ouvre sur la cour. Dans l'intérieur de cette
barge se trouvait une ouverture assez spacieuse pour y
cacher plusieurs personnes : il y avait dedans, lorsqu'elle
fut découverte, de la paille et une couverture ; c'est là que
Buffard s'est retiré pendant long-temps. Cette ouverture
ou cache avait deux issues, l'une à l'extérieur, qui se cou-
vrait de fagots, afin de la dissimuler, l'autre à l'intérieur,
qui communiquait avec le vieux château, en passant par la
croisée.

Il y a eu plusieurs réunions à la Chapronnière : quelques jours avant l'arrivée de MM. de Civrac, Moricet et
Cathelineau, plusieurs messieurs, les uns à cheval, les
autres à pied, y sont arrivés par des chemins différens.
En général, il y allait beaucoup de gens suspects, et c'est
surtout pendant la dernière quinzaine du mois de mai que
ces allées et venues se sont multipliées.

A l'époque où MM. de Civrac, Moricet et Cathelineau
y étaient cachés, diverses personnes y sont entrées. Parmi
ces personnes, on peut citer le sieur Brouard fils, curé à
Jallais, et deux chouans qui se sont nommés, l'un le

Nantais, l'autre Tête-Carrée: les noms véritables de ces individus sont Sailles, dit le Nantais, et Cailleau, dit Tête-Carrée; ils ont apporté, pendant la nuit, une lettre et quatre pistolets pour Cathelineau. Deux autres individus appartenant
aux bandes armées sont venus chercher de la poudre pour
faire des cartouches; après les avoir confectionnées, il les
ont rapportées la nuit suivante. Il est probable que Moricet et de Civrac ont eu connaissance de ce fait. Effective-
ment, le 24 mai, Cathelineau avait dit à Guinehut : il va
venir quelqu'un ces nuits-ci pour faire des cartouches ;
Guinehut ayant répondu qu'il n'avait pas envie qu'on les
fît chez lui, Cathelineau avait répliqué : Ils emporteront la
poudre et iront les faire ailleurs. Ce colloque avait eu lieu
en présence de Moricet et de Civrac; ce dernier était dans
ce moment à lire à l'extrémité du grenier; Moricet était
un peu plus rapproché ; Cathelineau parlait naturellement;
il n'élevait ni ne baissait la voix. Le nommé Sinan, cordonnier à Beaupréau, qui a fait partie des bandes depuis
leur origine, est venu manger avec deux autres chouans à
la Chapronnière.

Enfin, un monsieur, que Guinehut appela M. Joseph, y
est également venu; ce monsieur était à cheval, et dit en
s'en allant qu'il allait passer par la Portevinière, pour éviter la troupe qui l'arrêterait. Guinehut a avoué que tous
ces individus étaient venus chez lui; mais il a assuré qu'aucun d'eux n'avait parlé à M. de Civrac et M. Moricet, à
l'exception cependant de M. le curé Brouard. De Civrac
et Moricet ont dit qu'ils n'avaient jamais vu de chouans à
la Chapronnière; cependant de Civrac est convenu qu'il
avait entendu dire aux personnes de la métairie, qu'ils y
venaient. Cela ne parut pas un motif suffisant pour l'engager à partir de la Chapronnière; cette conduite n'étonne
point, lorsque l'on considère que probablement ces deux

messieurs étaient instruits de tout ce qui s'était passé dans ce vieux château. Il n'est pas douteux que Cathelineau, qui avait conduit de Civrac chez le curé de la Chapelle-Aubry, et qui était arrivé quelque temps après à la Chapronnière avec Moricet, n'ait mis de Civrac et Moricet dans la confidence de tous ses actes et projets.

Or, six semaines environ avant l'arrivée chez Guinehut de de Civrac et de Moricet, Cathelineau avait mandé Guinehut et lui avait dit qu'un soulèvement pour renverser le gouvernement et pour rétablir Henri V sur le trône se préparait, et que la duchesse de Berri rentrait en France avec son fils. Il l'avait prié de cacher à la Chapronnière de la poudre, lui promettant qu'il serait bien récompensé. Guinehut avait consenti à la demande de Cathelineau, et, dix jours après, deux individus étaient venus chez lui, la nuit, avec un cheval chargé de poches remplies de poudre. Les mêmes individus avaient fait deux fois le même voyage dans le même but; en outre, ils avaient porté du plomb en lingot; le dépôt de poudre pouvait être de 7 ou 800 livres. Guinehut avait l'ordre d'en distribuer aux personnes qui lui présenteraient un papier taillé dans la forme d'un autre papier que Cathelineau lui avait remis, et auquel devait s'ajuster le papier représenté; de cette manière, Guinehut a délivré une certaine quantité de poudre.

Tous ces antécédens, et surtout ce rapprochement remarquable de l'arrivée de MM. Moricet et de Civrac à la Chapronnière, avec l'époque indiquée pour le soulèvement général du 24 mai, autorisaient à croire que ces deux messieurs ont participé au complot ourdi contre le gouvernement; leurs propos et leurs actes pendant leur séjour chez Guinehut : « J'ai eu une grande faiblesse de me laisser » aller à eux; mais ils me harcelaient pour me déterminer » à me prêter à leurs désirs; ils me disaient que le gou-

» vernement allait être renversé, que le Midi allait se
» soulever, que la duchesse de Berri était dans la Vendée,
» et que si je faisais ce qu'ils me demandaient je serais
» bien récompensé ; qu'ils étaient bien en force, et que
» je n'avais rien à craindre. C'était Cathelineau, que je
» connaissais davantage que les autres, parce que j'avais
» été à l'école avec lui, qui m'avait engagé à recevoir les
» munitions de guerre qui ont été trouvées dans mon ca-
» veau. Quant à MM. Moricet et de Civrac, ils disaient
» seulement que le gouvernement allait bientôt changer et
» qu'ils ne resteraient pas long-temps cachés. Je me rap-
» pelle cependant que M. le marquis de Civrac, pendant
» les jours qu'il était caché chez moi, me demanda :
» Croyez-vous, s'il y avait une conspiration, que les mé-
» tayers de Jallais partiraient bien ? Je lui répondis qu'ils
» partiraient difficilement. »

Dans un autre interrogatoire, Guinehut a dit que
M. Moricet l'avait souvent engagé à soutenir la cause,
qu'il en serait bien récompensé.

Guinehut croit que de Civrac et Moricet savaient qu'il
y avait à la Chapronnière un dépôt de poudre et de balles ;
mais il assure qu'ils ne pouvaient ignorer l'existence d'un
paquet de fournitures de bons qui a été saisi à la Chapronnière. Ces bons, imprimés en 1832, indiquaient qu'ils
devaient être donnés en nantissement des objets fournis à
l'armée de la rive gauche de la Loire. Cette assurance de
Guinehut repose sur ce que le vendredi 25 mai, Cathelineau lui avait dit : Puisque vous allez à Beaupréau, il
faut entrer chez moi, il doit y avoir un paquet et vous me l'ap-
porterez. » Guinehut s'y étant rendu, et ayant remis à ces deux
messieurs une poche dans laquelle un gros paquet était renfermé, Cathelineau s'était emparé de ce paquet qui était couvert d'une toile cirée, l'avait défait, s'était assuré de ce qu'il

contenait, et avait répondu à Moricet et à de Civrac, qui
lui avaient demandé ce que c'était : Ce sont des mandats;
en ajoutant : nous n'avons pas besoin de cela, cachez-les,
Guinehut. On a dit plus haut que l'époque du soulèvement
général, qui devait avoir lieu le 24 mai, avait été remise
au 28. Si, à cette seconde époque, la division de Beaupréau ne se leva pas, il faut l'attribuer à l'événement de la
Chapronnière.

Le 29 mai, l'autorité militaire ayant été informée qu'un
rassemblement de chefs carlistes devait avoir lieu à ce vieux
château, s'y porta et le fit cerner de toutes part. Les visites
qui furent faites dans tous les appartemens firent penser
que des étrangers étaient venus dans le château. Les investigations devinrent plus scrupuleuses, et à force de recherches, on parvint à découvrir, dans un petit grenier obscur,
l'existence d'une trappe. Cette trappe, qui s'ouvrait avec
une clé à vis qui s'engrenait dans une ouverture ménagée
à cet effet, servait de fermeture à une cache pratiquée dans
un petit pavillon, adossé au derrière de l'habitation de
Guinehut : c'est dans cette première cache que Cathelineau.
de Civrac et Moricet s'étaient réfugiés. L'autorité militaire ignorait en cet instant quelles étaient les personnes
qui étaient dans cette trappe. Des sommations de se rendre
furent adressées sans qu'on y répondît; ce fut alors que
Cathelineau, ouvrant la trappe, fut percé d'une balle qui
le tua subitement. Les précautions qu'exigeaient la prudence
pour entrer dans la trappe, donnèrent le temps à de Civrac
et à Moricet de traverser deux autres caches que des
trappes habilement confectionnées dérobaient aux regards.
La dernière de ces caches communiquait avec le rez-de-
chaussée de l'appartement de Guinehut. Il leur eût été facile de fuir dans la campagne après être sorti de cette
troisième cache; mais les portes étaient gardées par des

sentinelles, de sorte qu'il fut impossible à ces messieurs de songer à ce moyen d'évasion avec quelques chances de succès ; ils se réfugièrent dans une quatrième cache pratiquée dans un petit caveau où l'on entre également par une trappe. Le fermier Guinhuet, après bien des hésitations, s'était déterminé à avouer que de Civrac et Moricet étaient dans ce caveau : alors lui-même avait engagé ces deux messieurs à se rendre ; pendant une demi-heure environ ils s'y sont refusés ; à la fin, n'ayant plus d'espoir de se sauver, ils ont pris la résolution de sortir du caveau. Les recherches qui eurent lieu immédiatement dans ce caveau firent découvrir les quatres pistolets que Sailles et Cailleau avaient apportés pour Cathelineau quelques jours auparavant, du plomb en lingot, de la poudre, des balles, des moules à balles, des cartouches, des vieux papiers de perception pour faire des cartouches et les bons pour l'armée royale de l'Ouest. Dans les autres parties du bâtiment et de ses dépendances, on a trouvé de la poudre, des cartouches et des vêtemens qui n'appartenaient point à Guinehut. De Civrac et Moricet ont nié avec persévérance avoir connu l'existence du caveau où ils s'étaient refugiés en dernier lieu, avant qu'ils y fussent entrés. Cette circonstance était en effet d'une grande importance, puisqu'ils étaient arrêtés dans l'endroit même où tous les élémens nécessaires à la guerre se trouvaient déposés.

L'un et l'autre ont prétendu que c'était la femme Guinehut, qui, à l'instant où ils sortaient de la troisième cache, ouvrit la trappe du caveau, les invita à y entrer et à s'y cacher comme dans un endroit sûr. Moricet a ajouté que M. de Civrac et lui hésitaient à y descendre, lorsque la femme Guinehut les y avait en quelque sorte poussés ; mais la femme Guinehut a attesté que ces *deux messieurs* avaient connaissance de cette cache, quoiqu'ils n'y fussent jamais entrés ; il est à remarquer en outre , qu'il y avait dans ce caveau une petite table sur laquelle était posée une bouteille de vin blanc , qui était débouchée. L'événement de la Chapronnière a eu la plus grande influence sur le mouvement qui était préparé dans la Vendée ; il en est résulté que ce mouvement a manqué d'ensemble , et que la division de Beaupréau n'étant pas partie, ce contre-temps a contribué puissamment à décourager les bandes qui comptaient sur elle. En effet, la veille du jour fixé pour le soulèvement, c'est-à-dire le 27 mai, qui était un dimanche, on disait publiquement à Jallais que les jeunes gens de la commune devaient partir pendant la nuit. Dans la bande commandée par M. Dudoré, on annonçait que la division de Civrac, de Beaupréau, se trouverait au fief Sauvin.

Immédiatement après cet événement , des dépêches furent envoyées sur tous les points pour faire retarder la prise d'armes ; mais les chefs n'ayant pu être prévenus assez à temps, il s'en est suivi, que quelques-uns sont partis dans la nuit du 27 au 28 ; parmi ceux-ci, on pourrait citer plusieurs individus de l'arrondissement d'Angers, qui ont été mis en accusation pour ce fait. Enfin, la mort de Cathelineau et l'arrestation de de Civrac et de Moricet, ont produit un tel effet, que le parti en a ressenti aussi-tôt le contre-coup. Pendant que les perquisitions avaient lieu à la Chapronnière, un rassemblement de chouans épiait à peu de distance le nombre et les actions des militaires : lorsqu'ils emmenaient les prisonniers , des cris de ralliement se faisaient entendre dans les champs voisins ; tout annonçait qu'une tentative pour leur déli-vrance allait avoir lieu ; cependant on n'osa pas attaquer la troupe , qui, par sa contenance, prouvait qu'elle était prête à accepter le combat.

2

Il est à la connaissance de tout le pays de Beaupréau, que plusieurs ecclésiastiques ont puissamment contribué à disposer les esprits à la révolte ; mais aucun prêtre n'a peut-être pris une part plus active au complot insurrectionnel qui s'est formé dans cet arrondissement, que M. le curé de Jallais Brouard, fils aîné. Toute la famille de cet ecclésiastique est d'une exaltation politique qui a peu d'exemples. Le père, qui a un grand ascendant sur ses enfans, offrait sa maison pour le rendez-vous de tous les hommes hostiles au gouvernement ; et quoique cet homme soit un fermier il avait de fréquens rapports avec Cathelineau, et Moricet, ce qui faisait croire que ces rapports avaient un but politique. Le curé de Jallais Brouard est lui-même on ne peut plus exalté ; et tout concourt à le faire considérer comme un des premiers meneurs du parti. Il faisait de fréquens voyages, et l'opinion publique l'a signalé comme le prêtre le plus dangereux de la contrée. Plusieurs fois il est allé à la Chapronnière ; on a dit déjà qu'il y avait été pendant le séjour de Cathélineau, de Civrac et de Moricet, et qu'il avait eu une entrevue avec eux. Il paraît que les cachés de la Chapronnière ont été construites d'après ses instigations. Brouard le père fut chez Guinehut et lui fit observer qu'étant menacés de la chouannerie, il serait prudent que son fils (le curé de Jallais) fît faire une cache pour y déposer ses effets, et s'y cacher lui-même en temps de trouble. Aussitôt que ces cachés furent faites, le curé y a fait déposer une certaine quantité d'effets consistant en lingerie et en habillemens, en papiers, un surpli et une étole : ces derniers objets ont été saisis lors de l'arrestation de MM. de Civrac et Moricet. Dans l'origine de la confection des trappes et des caches, Brouard avait recommandé à Guinehut de garder le plus grand secret sur leur existence ; cependant ces caches n'ont point tardé à venir à la connaissance de Cathelineau et ensuite à celle de Civrac et Moricet ; ceci explique la nature des rapports qui existaient entre ces derniers et le curé Brouard. Du reste, il est certain que le curé Brouard est venu différentes fois à la Chapronnière, après que la poudre et les balles y avaient été déposées. Depuis longtemps cet ecclésiastique est en fuite.

Ce qui précède a déjà fait connaître la part que Guinehut a prise au complot dont faisaient partie MM. Cathelineau, Moricet, de Civrac et Brouard.

C'est Guinehut qui, par ordre de Cathelineau, a consenti à recevoir chez lui les bandes, à leur donner de l'argent, à leur procurer du linge ; c'est lui qui a consenti à ce que son habitation devînt le rendez-vous des conspirateurs, devînt un dépôt de poudre, de balles, de cartouches ; devînt, en un mot, un arsenal propre à seconder les mouvemens insurrectionnels sur tous ces points ; ses aveux sont tellement complets, qu'il est inutile d'insister davantage.

La bande de chouans commandée par Buffard est venue souvent à la Chapronnière ; Buffard y a couché plusieurs nuits, ainsi que divers individus de la bande, qui se réfugiaient dans l'intérieur d'une barge de fagots. Les nommés Sailles, Cailleau et Pineau faisaient partie de cette bande ; ils se tenaient incessamment aux environs de la Chapronnière ; aussi n'est-il pas étonnant qu'ils aient été en rapport avec les personnes qui habitent ce château, dont ils étaient en quelque sorte les gardes du corps. On comprend d'après cela d'où provenaient les cris de ralliement qui se sont fait entendre lors de l'arrestation de de Civrac et de Moricet. D'ailleurs, ce furent Sailles, dit le Nantais, et Cailleau, dit Tête-Carrée, qui apportèrent à la Chapronnière quatre pistolets pour Cathelineau. Si ces trois

Individus ont participé au complot, ils ont également participé aux attentats qui ont été tentés contre le gouvernement depuis le mois de juillet 1830. Sailles a déserté du
8ᵉ régiment de dragons pour se jeter dans les bandes
insurgées, où il est entré dans le mois de février 1832;
Cailleau est entré dans les bandes à la même époque que
Sailles; et Pineau y était entré dès le mois d'août 1831.

Ces trois individus se préparaient à l'insurrection générale du vingt huit mai, lorsqu'un jeune homme de Beaupréau, qui, le 27 au matin, était allé leur ordonner de se
tenir prêts, retourna le même jour, dans la soirée, les
prévenir que le soulèvement n'aurait pas lieu, leur recom-
manda de rester tranquilles et de se cacher le mieux qu'ils
le pourraient. Le soir, l'entrevue eut lieu dans un champ
de genets situé près le bois de la Jubaudière; le jeune
homme en s'en allant prit la route de Beaupréau.

Sailles et Cailleau ont déclaré que ce jeune homme
était le fils Lhuillier de Beaupréau. Ils ont dit en outre
que Lhuillier les avait informés que Cathelineau était
mort; son père, qui dans le principe devait commander
en sous-ordre, serait général en chef. Cailleau ayant été
confronté avec Lhuillier fils, a répondu : «Oui, c'est bien
là lui, il est venu plus tard nous dire que le mouvement
était suspendu. Il est vrai que, dans des confrontations
postérieures, Sailles et Cailleau ont nié reconnaître Lhuillier; Cailleau a même prétendu n'avoir jamais avoué
qu'il le reconnaissait; Luillier fils s'est renfermé dans
des dénégations absolues.

Le nommé Sinan, cordonnier à Beaupréau, n'a point été
étranger à ce qui s'est passé à la Chapronnière; plusieurs
fois il y est allé manger et chercher un refuge. On a
dit plus haut qu'il y était entré pendant que de Civrac,
Cathelineau et Moricet y étaient cachés; une fois entre

autres, il voulut y entrer en plein jour, mais le fermier Guinehut s'y opposa. Sinan est un homme sans conduite, qui, plutôt par fainéantise que par opposition politique, s'est réuni aux bandes insurgées. Depuis long-temps déjà cet homme fait partie de ces bandes, où vraisemblablement il figurera jusqu'au moment de son arrestation qui n'a pas pu encore être effectuée.

En conséquence, Alexandre-Emeric de Durfort, marquis de Civrac, et Armand-Félix Moricet, sont accusés :

1°. D'être co-auteurs d'un complot formé depuis la révolution de juillet 1830, dont le but était de détruire ou de changer le gouvernement ou l'ordre de successibilité au trône, d'exciter les citoyens ou habitans à s'armer contre l'autorité royale, et d'exciter la guerre civile, en armant ou en portant les citoyens ou habitans à s'armer les uns contre les autres; lequel complot a été suivi d'un ou plusieurs actes commis ou commencés pour en préparer l'exécution.

2°. Brouard, fils aîné, curé de la commune de Jallais, Pierre Guinehut, Jean Sailles, dit le Nantais, Jean Cailleau, dit Tête-Carrée, François Pineau, Sinan, cordonnier à Beaupréau et Elie-Charles-Valentin Lhuillier, sont accusés, d'être co-auteurs d'un complot formé depuis la révolution de 1830, dont le but était de changer ou de détruire le gouvernement, ou l'ordre de successibilité au trône, d'exciter les citoyens ou habitans à s'armer contre l'autorité royale, et d'exciter la guerre civile en armant ou en portant les citoyens à s'armer les uns contre les autres; lequel complot a été suivi d'un ou plusieurs actes commis ou commencés pour en préparer l'exécution.

Ou bien, lesdits Brouard, Guinehut, Sailles, Cailleau, Pineau, Sinan et Lhuillier, de s'être rendus complices dudit complot ci-dessus spécifié et caractérisé, et de la

circonstance aggravante qui l'accompagna en aidant ou
assistant avec connaissance l'auteur ou les auteurs de ce
complot, dans les faits qui l'ont préparé ou facilité, ou
dans les faits qui l'ont consommé.

3° Jean Sailles, Jean Cailleau, François Pineau et
Sinan sont accusés d'être co-auteurs d'un attentat commis
dans le département de Maine-et-Loire et les départemens
limitrophes, dont le but était de détruire ou de changer le
gouvernement ou l'ordre de successibilité au trône, d'exciter les citoyens ou habitans à s'armer contre l'autorité
royale; d'exciter la guerre en s'armant ou en portant les
citoyens ou habitans à s'armer les uns contre les autres,
et de porter la dévastation, le massacre et le pillage dans
une ou plusieurs communes;

Lequel attentat a été exécuté dans le cours de l'année
1832 jusqu'au 28 juin, par une bande armée, dont faisaient
partie Sailles, Cailleau et Pineau, qui ont été saisis sur
les lieux de la réunion séditieuse, et de laquelle bande
armée faisait aussi partie ledit Sinan, qui n'a pas encore
pu être saisi;

Ou lequel attentat a été seulement tenté dans l'intervalle
de temps précité, par une bande armée dont faisaient partie
lesdits Sailles. Cailleau et Pineau qui ont été saisis sur les
lieux de la réunion séditieuse, de laquelle bande armée
faisait partie Sinan, qui n'a pas encore pu être saisi;

Ou bien, lesdits Sailles, Cailleau, Pineau, Sinan, de
s'être rendus complices de l'attentat ci-dessus spécifié et
caractérisé, en aidant avec connaissance, l'auteur ou les
auteurs de cet attentat dans les faits qui l'ont préparé ou
facilité, ou dans les faits qui l'ont consommé; ou bien
encore, Lhuillier de s'être rendu coupable de l'attentat ci-
dessus spécifié et caractérisé, en donnant des instructions
pour commettre ledit attentat.

Fait au parquet de la cour royale d'Angers, le quinze septembre 1832.

Le procureur-général près la Cour,

Signé GAULTIER.

Suit la signification d'un huissier de la cour royale d'Angers, à chaque accusé, à la requête du procureur général.

Désirant, autant que possible, fournir à nos lecteurs tout ce qui peut intéresser dans cette affaire; il nous a semblé qu'il était convenable d'insérer en entier cet immense acte d'accusation. Bien des détails paraîtraient minutieux dans le cours des débats, si l'on ne savait à quel propos on s'est cru obligé de tant insister sur les moindres particularités. La lecture de l'acte d'accusation en démontrera l'utilité.

Après la lecture de l'acte d'accusation, M. le président dit aux accusés:

Alexandre-Emeric de Durfort, marquis de Civrac, Armand Moricet, Brouard, curé de la commune de Jallais, Pierre Guinehut, Jean Sailles, dit le Nantais, Jean Cailleau, dit Tête-Carrée, François Pineau, Sinan et Charles Valentin Lhuillier, vous êtes accusés:

Marquis de Civrac et Moricet, d'être auteurs d'un complot formé depuis la révolution de juillet 1830, et dont le but était de détruire le gouvernement et l'ordre de successibilité au trône, d'exciter les citoyens à s'armer les uns contre les autres et contre l'autorité royale, lequel complot a été suivi de plusieurs actes commis et commencés pour en préparer l'exécution;

Brouard, Guinehut, Jean Sailles, Jean Cailleau, François Pineau, Sinan et Lhuillier, d'être auteurs du complot ci-dessus spécifié.

En outre, Sailles, Cailleau et Pineau, d'être auteurs d'un attentat commis dans le cours de l'année 1832, dont le but était de détruire ou de changer le gouvernement et l'ordre de successibilité au trône, lequel attentat a été tenté ou exécuté par une bande armée, dont faisaient partie Sailles, Cailleau et Pineau, qui ont été saisis sur le lieu de la réunion séditieuse ;

Au moins Sailles, Cailleau et Pineau, de vous être rendus complices des attentats ci-dessus spécifiés. (*Voir l'acte d'accusation.*)

M. le président : M. l'avocat-général a la parole. Huissiers, faites l'appel des témoins.

L'appel fait, l'huissier annonce que trois témoins n'ont pas obéi à l'assignation. Le témoin Regnier entre autres n'est pas présent. (C'est ce témoin qui a tué Cathelineau.) L'absence de ce témoin produit un grand effet dans la salle.

Un officier de gendarmerie, cité aussi comme témoin, annonce qu'un renseignement vient de lui être fourni sur Regnier, qui est retenu à l'hôpital de Rochefort, par une maladie.

Me Janvier : Mais a-t-on dit cela sérieusement ?

L'officier de gendarmerie : La personne qui m'a dit cela est ici.

M. l'avocat-général : Les témoins Cœur, Maillot, Regnier, n'ont pas répondu à l'assignation.

Le témoin Cœur n'est pas présent à son bataillon ; cela m'est attesté par une lettre du procureur-général de Poitiers ; Maillot est en congé : à l'égard du premier, j'ai une lettre arrivée récemment de Toulouse (car une triple assignation, il faut qu'on le sache, avait eu lieu) ; M. le procureur-général de cette ville me mande qu'il n'a pu découvrir encore Maillot ; mais, d'après la promesse qu'il m'a faite, s'il parvient à trouver ce témoin, il l'enverra ; la malle-poste qui sera ici demain nous amènera le témoin Cœur. Quant au témoin Regnier, qui n'a pas comparu, et dont la déposition serait ici d'une haute gravité, nous requerrerons contre lui l'application de l'art. 80 du Code d'instruction criminelle, nous en rapportant d'ailleurs sur l'influence que peut avoir sur les débats, sa non-comparution , à la sagesse de la Cour.

Me Janvier : La Cour ne saurait, en raison de l'absence des témoins, suspendre les débats de cette affaire : les dépositions de Cœur et de Maillot sont peu utiles, particulièrement en ce qui touche M. le marquis de Civrac et M. Moricet, que je défends. Reste l'absence de Regnier. Oh! pour celui-là , messieurs, il devait regarder cette audience comme un rendez-vous sacré pour lui (*). Certes notre assignation n'a pu manquer de lui être transmise, il en est de même de celle du ministère public.

Et cependant il ne vient pas ! Eh bien ! je dois le dire à la Cour : *je savais qu'il ne viendrait pas;* fort des convictions que j'ai à cet égard , j'articule que c'est *volontairement qu'il n'est pas venu.* S'il était malade , messieurs, il n'eût pas manqué de nous en fournir les preuves. Et il dépendrait de cet homme d'arrêter encore l'action de la justice, la décision du jury ! ah ! messieurs, le bienfait qui résultera pour les accusés de la nomination de ce juri ne saurait nous être enlevé par le fait de cette absence de M. Regnier. Ainsi, parce que ce témoin n'a pas voulu comparaître , il arrêterait nos débats; la Cour ordonnerait une remise! Dans cet état de chose cruel, je m'adresse à l'honneur des magistrats ; je fais un appel public à leur impartialité. Les

(*) Le témoin Regnier, qui a tué le malheureux Cathelineau, fut très-peu de temps après décoré de la légion d'honneur!!!

déclarations de Regnier subsistant, elles peuvent suffire dans la marche de ce procès, dont l'ajournement, je ne crains pas de le dire, ressemblerait à un déni de justice.

M. l'avocat-général : Trois témoins manquent, s'il ne s'agissait ici que de la discussion des débats, on pourrait passer outre; mais on ne l'a pas dissimulé, en dehors du procès actuel, il existe un point que l'on veut rendre important; la mort de Cathelineau. M. l'avocat-général termine en disant qu'il est encore un témoin dont la déposition serait grave, celle de M. Cœur, capitaine au 57e de ligne, des confidences ayant été faites à ce dernier, qui chargeraient MM. de Civrac et Moricet. Quelques points pourraient être encore à expliquer, continue l'organe du ministère public; ils ne pourraient l'être par l'absence de ce témoin. Je conclus à l'ajournement.

Me Janvier : Il paraîtrait que pour le témoin Maillot il y a eu lacune dans la procédure. Eh bien! il fallait s'y prendre plus tôt; il y a là incurie du ministère public.

Le capitaine Cœur? La lettre de Toulouse, qui vient de nous être communiquée rend son arrivée probable pour aujourd'hui.

Encore une fois, reste l'absence du témoin Regnier, il savait l'épouvantable influence que son retard à paraître ici peut avoir sur le sort des accusés. Messieurs, quand d'une déposition dépend le sort d'individus placés sous le poids d'une accusation; quand on est soi-même sous le coup d'imputations aussi graves, on vient à l'audience, on y vient mourant : voilà ce que l'on fait. Eh quoi! la Cour dirait aux accusés : « Des témoins manquent; votre captivité doit se prolonger. » Ah! tout ce que j'ai de sentiment dans le cœur se révolte à cette seule pensée. Messieurs, ceux qui sont sur ces bancs ont assez souffert, la Cour leur doit de continuer les débats; et quant à moi, je prends à cet égard de formelles conclusions.

M⁰ Bouhier de l'Écluse : J'ai mal compris sans doute le
ministère public ; il a dit, ou plutôt il a fait entendre qu'il
fallait attendre l'arrivée du témoin Regnier pour savoir si
ce dernier était un assassin. Ce n'est pas nous qui devons
décider cela, c'est l'histoire. Messieurs, il y a ici un militaire, homme d'honneur, j'en suis sûr, c'est le lieutenant
de gendarmerie de Beaupréau ; sa déposition portera
autant de clarté dans les débats que celle du témoin Regnier. Ce n'est point Cathelineau que vous devez juger,
il est mort ; c'est M. de Civrac et ses co-accusés.

La Cour, à l'égard de l'ajournement, ordonne qu'il en
sera délibéré.

L'audience est suspendue pendant une demie heure.

A sa rentrée en séance, M. le président donne lecture
de l'arrêt suivant :

Oui M. l'avocat-général en son réquisitoire, et les accusés par l'organe de leurs défenseurs, en ce qui touche Maillot ;
attendu que l'original de l'assignation qui a dû lui être
donné n'est point retourné entre les mains de M. le procureur-général, et que rien ne justifie qu'il ait été signi-
fié au témoin ; en ce qui touche le témoin Cœur, attendu
qu'il n'est pas justifié que l'assignation lui ait été donnée.

En ce qui touche Regnier, vu l'original de l'assignation,
ensemble l'excuse présentée par Regnier et le certificat à
l'appui.

Considérant que l'assignation est régulière et a été si-
gnifiée à temps utile.

Considérant aussi que l'excuse produite par Regnier
*tirée d'un rhumatisme qu'il aurait aux deux bras, quoique
certifiée régulièrement par un chirurgien en chef de marine est,
sinon démentie, au moins singulièrement affaiblie par la lettre
d'envoi du sieur Regnier, à qui l'infirmité susdite a permis d'é-
crire et eût par conséquent permis d'obéir à la justice.*

En ce qui touche le renvoi à la session prochaine demandé par le ministère public.

Considérant que les témoins absens peuvent régulièrement être suppléés par d'autres documens de la cause, et que si, dans le cours des débats, des circonstances graves venaient à exiger ce renvoi pour la manifestation de la vérité, la cour pourrait l'ordonner.

Vu les art. 355 et 80 du code d'instruction criminelle.

La cour dit qu'il n'y a lieu de statuer contre Cœur et Maillot, donne défaut contre Regnier, témoin non-comparant, quoique régulièrement cité, et le condamne à 100 fr. d'amende et à tous les frais auxquels le présent arrêt a donné ou donnera lieu.

Ordonne qu'il sera passé outre aux débats.

Cette décision de la Cour est accueillie par les témoignages d'une respectueuse et générale approbation.

M. le président procède ensuite à l'interrogatoire de M. le marquis de Civrac : (*profond silence*).

D. Où étiez-vous à l'époque de la révolution de juillet? — R. J'étais à Beaupréau. — D. Avez-vous eu connaissance d'un projet d'insurrection? — R. Aucune, monsieur. D. Avez-vous vu alors des personnes liées à l'ancienne dynastie? — R. Moins qu'avant. — D. Avez-vous quitté votre propriété? — R. Une fois, pour aller à Angers, où j'ai été juré.? — A quelle époque avez-vous donné asyle à M. de Bouillé.? — R. Je ne lui ai pas donné asyle; il avait pris le bail d'une personne à qui j'avais loué une maison qui m'appartient. — D. A quelle époque? — En octobre, je crois. — D. Mais, quel motif avait M. de Bouillé pour venir à Beaupréau? (Vous pouvez ne pas répondre à cette question.) — Il était venu pour mettre son fils au collége. — D. Mais venait-il quelquefois à Beaupréau? — R. Une fois par an, avec madame sa belle-mère. — D. A-t-il

des propriétés dans les environs? — R. Oui, à quelques
lieues.

— D. Aviez-vous des relations avec lui? — R. Oui,
de parent, d'ami. — D. Mais l'acte d'accusation parle de
fréquentes visites; à quelle heure se présentait-il? — R.
Dans la journée; jamais à une heure indue. — D. N'avez-
vous jamais parcouru les campagnes ensemble? — R.
Jamais, monsieur. — D. Vous avez dit qu'un avis vous
avait été donné relativement à un mandat décerné contre
vous? — R. Oui, cet avis me fut communiqué le 14 ou
le 15 mai. — D. C'est sans doute ce qui vous effraya au
point de vous faire quitter votre château? — R. Oui, un
de mes voisins, M. Barbier Dudoré, avait été arrêté. —
D. En effet, il a été dit qu'il avait même été maltraité?
— R. Oui, M. le président: Il avait couru les plus grands
dangers, c'est ce qui me fit renoncer à mon projet de me
constituer prisonnier. (1) — D. Quittant par peur votre
domaine, où êtes-vous allé? — R. Chez M. le curé de la
Chapelle-Aubry. — D. Combien y êtes-vous resté de
jours? — R. Huit à-peu-près.... jusqu'au 21, je crois. —
D. Mais ensuite vous avez quitté sa maison; pourquoi? —
R. Je craignais de le compromettre. — D Mais vous
pouviez compromettre les personnes qui vous donneraient un asile nouveau? — R. Je craignais davantage
pour M. le curé. — D. Etait-ce l'intention de vous procurer une retraite plus sûre qui vous a fait choisir le château de la Chapronnière? — R. Oui, monsieur. — D. Y
avait-il là des rassemblemens? — R. Non, pas que je
sache. — D. Connaissiez-vous l'accusé Moricet? — R.

(*) M. Dudoré avait failli être massacré par la populace, au
moment où il entrait à Nantes. Après plusieurs mois de
prison, aucune charge ne s'élevant contre lui, il fut mis en
liberté.

Oui, mais par des relations de voisins seulement. — D.
Y avait-il long-temps que vous ne l'aviez vu lorsque vous
vous déterminâtes à vous cacher. — R. Peu de temps. — D,
Connaissiez-vous Cathelineau? — R. Oui, il habitait
Beaupréau depuis qu'il avait quitté le service. Je sus alors
que Cathelineau et Moricet étaient sous le poids d'un
mandat d'amener. D. Il est évident que le 14 de mai, un
avis vous parvint à la Chapelle-Aubry où vous étiez
réuni avec Cathelineau : Cathelineau vous quitta-t-il alors? —
R. Oui, au bout de trois jours. — D. Pourquoi? — R.
Il craignait d'être à charge à ceux qui lui donnaient
asyle, et de nous compromettre. — D. Saviez-vous alors
où fût Cathelineau? — R. Non, monsieur. — D. Ainsi
vous n'avez pas concerté ensemble un rendez-vous à la
Chapronnière? — R. Non. — D. A qui appartient ce
château? — R. A la famille de Villebois. — D. Qui
vous a fait penser qu'un accueil bienveillant vous y attendait. — R. Je connaissais les mœurs hospitalières du
pays. — Je vous fais observer qu'on peut refuser l'hospitalité à celui qui ne la demande que pour se
soustraire à une action de la loi : or, cette hospitalité
comment la sollicitiez-vous, et vous adressiez-vous dans
ce cas à des personnes que vous avez déclaré ne pas connaître. — R. Je vous ai déjà dit, M. le président, qu'il
me fallait un asyle. — D. Cet asyle, vous le trouvâtes?
— R. Oui. — D. Vous eûtes une entrevue avec le fermier? — R. Oui; je lui étais recommandé par M. le
curé de la Chapelle-Aubry. — D. Connaissiez-vous
Guinehut le fermier, avant? — R. Je l'avais vu une fois,
je crois. — D. Pensiez-vous qu'il serait bien disposé en
votre faveur? — Je vous répète, M. le président, que
je me fiais à l'hospitalité bien connue des Vendéens.
— D. Vous vous cachiez donc! et cependant alors il n'y

avait pas de mandat contre vous? — R. On m'avait dit qu'il y en avait un, je l'ai cru. — D. Le château n'est-il pas maintenant divisé en trois corps de ferme? — R. Oui. — D. (Retenez-ça, messieurs les jurés) c'est chez Pierre Guinehut que Cathelineau et M. de Civrac ont trouvé un asyle. A l'accusé : Etes vous monté tout de suite dans le grenier à trappes? — R. Non, j'ai passé la première nuit dans une autre localité. — D. Quand Moricet et Catheli-neau arrivèrent à ce château, devenu la ferme de Guinehut, où étiez-vous? — R. J'étais couché dans l'appartement caché par la trappe. — D. Où ont couché Moricet et Cathelineau? R. Sans doute au dessous de moi. — D. Com-ment avez-vous su qu'ils étaient venus sous le même toit que vous? — R. Ils sont venus me voir dans la retraite où j'étais caché. — D. Et vous ne vous êtes pas concertés pour vous rencontrer là? — R. Non, monsieur. — D. Vous y avez fait un séjour d'une huitaine : n'avez-vous point vu quelqu'étranger venir? — R. Non., monsieur. — D. Mais cependant vous avez vu le curé Brouard? — R. Une fois, en effet. — D. Vous avez eu une conversation avec lui? — R. Sur des choses indifférentes. — D. Avez-vous parlé des armes, des munitions qui se trouvaient chez Guinehut? — R. Il n'a jamais été question de cela. — D. Avez-vous vu des armes? — R. Jamais à la Chapronnière. — D. Cathelineau a reçu des visites? — R. Je ne l'ai pas su. — D. Veuillez raconter à MM. les jurés les événemens du 27 mai. (*) — R. J'étais dans la cachette d'ont j'ai eu l'honneur de vous parler; nous montâmes dans le grenier pour respirer un peu d'air par les lucarnes ; de là nous

(*) Nous devons mentionner ici, qu'immédiatement avant l'interrogatoire de M. de Civrac, M. le président a ordonné que l'on fît sortir de la salle les accusés Moricet, Guinehut et Brouard.

vîmes la troupe cerner l'habitation. Il était environ une heure ou deux, après midi : nous redescendîmes précipitamment dans la cache, nous y demeurâmes trois quarts d'heure. Nous entendions au-dessus de nous un grand bruit, dominé par les cris du métayer, que les militaires maltraitaient. Enfin la trappe s'ouvrit ! A ce même moment, un soldat se montra à l'ouverture, et dit, « J'en vois un; » j'en vois deux ! » —« Feu ! dit l'officier. » Cathelineau monte à l'échelle qui conduisait à la trappe, «ne tirez pas; s'écrie-t-il : » « Nous sommes sans armes, nous nous rendons. » — Deux détonnations retentirent. Cathelineau était frappé à mort. ! Nous descendîmes précipitamment par la deuxième trappe dans la chambre au niveau de la cuisine. Au moment où nous voulions sortir, la femme du métayer vint à nous : — Où allez-vous? nous cria-t-elle. — Nous rendre. — N'en faites rien, nous dit-elle, ils vous tueraient comme ils ont tué M. Cathelineau. — Elle nous fit alors entrer presque malgré nous dans un caveau qui donnait dans la cuisine, et dans lequel on entrait par une trappe. Une demie heure après environ nous nous entendîmes appeler par nos noms, nous ne repondîmes pas d'abord, une voix nous dit une deuxième fois, M. de Civrac, sortez, M. Moricet, sortez; il ne vous sera fait aucun mal.—Nous obéîmes alors et nous nous rendîmes à l'officier de gendarmerie.

D. Cathelineau a-t-il tiré un coup de pistolet?—R.(M. de Civrac avec fermeté) Non, monsieur; comme nous il était sans armes; il est entièrement faux qu'il ait tiré.

M. le président demande à M. de Civrac dans quelle position est tombé Cathelineau ? — Je crois qu'il est resté sur la trappe, mais je ne puis l'affirmer. — D. Comment fûtes-vous tout couvert de son sang? — R. Je ne sais si c'est dans

la chute , ou si le sang qui passait à travers le plancher
m'a atteint à la place où j'étais.

Pendant toute cette déclaration faite par M. de Civrac,
avec le ton le plus calme, l'auditoire garde le plus profond
silence. On aperçoit l'impression générale la plus pénible
au moment où M. de Civrac dit : *Cathelineau était frappé
à mort.*

M. le président explique très-longuement au juri le secret
des localités du château de la Chapronnière. L'édifice est
percé d'ouvertures ingénieusement disposées pour éclairer
la campagne sur tous les points. Il explique les dispositions
des trappes, couvertes de joncs marins ; l'entrée du grenier
qui y conduit est rendue difficile par les charpentes du toit.
Une terre glaise sèche masque encore dans le plancher les
solutions de continuité. Parvenu dans la cache masquée
ainsi, on se trouve dans une chambre dont la fenêtre,
garnie de volets, intercepte la lumière : de là, et par le
moyen d'une trappe, on parvient au premier étage. Ici la
terre glaise ne masque plus les rainures de la trappe, qui
se trouvent dissimulées par un carrelage, qui fait du plancher
un tout parfait. Cette nouvelle trappe ainsi déguisée s'ouvre
au moyen d'une clé à vis qui sert à la fois à faire jouer
la serrure et à soulever la bascule. Là enfin, une dernière trappe mène au rez-de-chaussée. Il faut remarquer,
continue M. le président, que ces trappes, pour tromper
l'œil, ne sont pas placées verticalement l'une sur l'autre.
Il a paru évident que ces dispositions locales ont été prises
dans le but d'offrir une retraite impénétrable. M. le président ajoute que les débats feront connaître si la construction
de ces trappes est récemment établie.

M. le président, à l'accusé : C'est par cette trappe que
vous êtes descendu ? — R. Oui. — Bien, asseyez-vous. —
Aux jurés : Messieurs les jurés, indépendamment de cette

3

trappe, il existait un caveau dans lequel on parvenait, au moyen d'une autre trappe, connue seulement de Guinehut et de sa femme. A l'accusé : En aviez-vous connaissance, M. de Civrac ? — R. Non, monsieur. — D. La femme Guinehut a fait une déposition contradictoire : persistez-vous ? — R. Oui, monsieur. — M. le président : La femme Guinehut n'a pas été appelée en témoignage et elle ne devait pas l'être, son mari étant accusé. En vertu du pouvoir discrétionnaire qui m'est accordé par la loi, je vais lire à messieurs les jurés la déclaration qu'elle a faite.

Quelques points de cette déclaration paraissent contre-dire les assertions contenues dans celle de M. de Civrac.

Ici, une courte discussion s'élève à l'égard d'une bouteille de vin blanc qui a été trouvée dans le caveau, et qui, dans le système de l'accusation, aurait servi aux accusés; ce qui annoncerait un séjour dans cette localité de la Chapron-nière.

M. le président fait remarquer aux jurés que, dans l'ac-cusation, les accusés sont peints fuyant de cachette en ca-chette, et que Cathelineau a levé lui-même la trappe. M. le président ajoute que, dans la défense, au contraire, il est établi que ce sont les soldats qui ont trouvé et soulevé la trappe eux-mêmes; et qu'alors Cathelineau a été tué froi-dement. M. le président fait aussi ressortir cette partie de l'accusation qui relate que le caveau renfermait des muni-tions, du vin à moitié bu, ce qui indiquerait une habita-tion récente. Dans cet exposé à MM. les jurés, une autre assertion de la défense est reproduite; elle tendrait à prou-ver que les militaires ont placé là ce vin pour compro-mettre les accusés, ou, plus vraisemblablement, qu'ils l'ont bu.

M. le président, à M. de Civrac : Vous êtes resté, avez-vous dit, une demi-heure dans le caveau? — R. Oui. —

D. Il y avait des munitions sur une table? — R. Je n'ai
pas vu de table.—M. le président : Le caveau renfermait des
lingots, du plomb et des balles ; et c'est ici le cas de soumettre au juri la note d'autres objets trouvés également. Ici
M. le président mentionne à l'assemblée la découverte de
trois paquets de bons de fournitures faites dans le caveau :
ces bons portaient pour titre :

Rive gauche de la Loire, armée royale, premier corps.

Venaient ensuite les stipulations des objets de fourniture,
tels que vache, veau, blé, vin ; le tout disposé par colonnes, et signé : l'intendant militaire.

La défense, dit M. le président, traite cela fort légère-
ment et comme se rattachant à un plan en l'air.

M⁰ Janvier : Personne n'a nié l'insurrection de l'Ouest ;
on nie seulement la participation des accusés au mouvement qui a eu lieu.

M. le président voit dans l'existence de ces bons la preuve
d'un plan arrêté : Je n'insiste là-dessus, dit-il, que pour
éclairer l'affaire. A dieu ne plaise que je veuille renforcer
l'accusation, qu'heureusement je ne suis pas chargé de soutenir. Il ajoute encore à la nomenclature des effets trouvés,
un registre de perception, quatre pistolets d'arçon, dont deux
chargés, du bois de la *vraie croix.* A l'accusé : Accusé Civrac,
vous n'avez aucune connaissance de ces effets ? — R. Aucune.
—D. Vous étiez porteur d'une somme de trois mille francs ? —
R. Oui. — D. Cathelineau avait-il aussi de l'argent ? —
R. Je crois que oui. — D. Et Moricet? — R. Je n'en sais
rien.

Dans la partie de l'interrogatoire qui suit, M. de Civrac
persiste à soutenir qu'il n'avait pas connaissance de l'insurrection.

M. l'avocat-général : Je prie M. de Civrac de nous dire
dans qu'elle position il était dans la cache quand Cathelineau

a été tué. — R, J'étais près de la seconde trappe. — M. l'avocat-général : Vous avez dit que vous vous trouviez au pied de l'échelle. M. le président : Oui, et que même le sang de Cathelineau vous avait inondé? — R. Sans doute; mais au mot feu! je me suis jeté en arrière. — L'avocat-général : Cathelineau est-il tombé sur le plancher? — R. Je crois que oui. — L'avocat général : Vous avez dit que pendant votre séjour à la Chapronnière, vous n'avez pas vu Sailles et Sinan? — R. C'était la vérité.

L'interrogatoire de M. de Civrac terminé, l'accusé Moricet est introduit.

D. Vous avez refusé le serment en qualité de receveur des finances après les événemens de juillet, qu'avez-vous fait depuis? — R. Je menais une vie sédentaire ; je m'occupais de l'éducation d'un jeune enfant. — D. Cependant il a été articulé que l'on vous avait vu errer dans le canton de Beaupréau; on a dit aussi que vous étiez allé à Holy-Rood: qu'avez-vous à répondre? — J'ai été dix ans receveur à Beaupréau : j'y avais des amis ; il était naturel que je fusse les voir; quant au voyage d'Holy-Rood, je ne sache point qu'on ait le droit de m'interroger à cet égard. — D. Vous êtes maître de votre réponse, comme moi de ma question : encore une fois, êtes-vous allé à Holy-Rood? — R. Non, monsieur. — D. Mais comment expliquerez-vous vos courses dans le pays? ce qu'on a dit serait-il du commérage? — Du commérage! il n'y a que cela dans l'acte d'accusation. J'allais souvent à Cholet voir une de mes sœurs, qui y demeure encore. — D. Vous étiez lié avec Cathelineau? — Oh! oui! et bien tendrement même ; et à cet égard on a eu tort de dire.... — Le président : ne sortons pas de la question; personne ne vous fait un reproche de votre amitié. — R. Oh! ce n'est pas vous, monsieur le président : c'est l'accusation. — D. Connaissiez-vous le marquis de Civrac? — R. Oui.

—D. Depuis la révolution de juillet ? — R. Avant et depuis.
— D. Alliez-vous quelquefois à la Chapronnière ? — R.
Quelquefois , par hasard , et chassant. — D. Le 14 mai
1832 , M. de Civrac vous a-t-il parlé d'un mandat qui aurait été lancé contre lui? — R. Oui , et j'avais moi-même
été averti que j'étais sous le coup d'un mandat. — D. Qui
vous donna l'idée d'aller chercher un refuge à la Chapronnière? — R. M. Cathelineau. — D. Saviez-vous si vous seriez bien reçu ? — R. Je le supposais ; du reste , Cathelineau ne m'avait donné aucun renseignement sur le château.
— D. Quand vous arrivâtes, vîtes-vous M. de Civrac.—R.
Non , il dormait. — D. Sûtes-vous que la Chapronnière
était devenue, pour ainsi dire , un arsenal? — R. Non ,
pas plus que Cathelineau, sans doute. —D. Différens objets
furent apportés à la Chapronnière pendant le séjour que
vous y fîtes ?—Je l'ignore. —D. Mais les nommés Sailles,
Cailleau et autres chouans, vinrent chez le fermier Guinehut,
à la Chapronnière ; l'avez-vous su ? — R. Non. — D. Cathelineau ne vous a pas parlé d'un dépôt d'armes?— R. Il
me l'eût dit que certes je ne le répéterais pas ; mais il ne
me l'a pas dit. — D. N'étiez-vous pas, le 27, caché dans le
grenier?— R. Oui. —D. Racontez à MM. les jurés les circonstances de cette journée.

Me Bouhier de l'Ecluse , en sa qualité de défenseur des
accusés Sailles et Cailleau , demande que l'accusé Moricet
s'explique sur les visites que ces derniers auraient faites
pendant son séjour à la Chapronnière.

Cette demande n'a pas de suite. M. le président invite
Moricet à raconter les circonstances de la mort de Cathelineau et de l'arrestation qui l'a suivie.

L'accusé Moricet commence un récit qui se rapporte à
celui déjà fait par M. le marquis de Civrac. Il ajoute : Nous
entendions le bruit que faisaient, dans tous les corps de lo-

gis, les militaires qui nous cherchaient ; nous entendions aussi les plaintes du fermier Guinchut que ces militaires maltraitaient fort. Un soldat leva la trappe. En ce moment, si ma mémoire est fidèle, M. de Civrac était sur son lit. Cathelineau était près de l'échelle ; moi, je me tenais à quelques pas de lui. Le soldat qui avait ouvert la trappe s'écria : J'en vois un ! j'en vois deux ! Nous dîmes alors : *Ne tirez pas sur nous, qui sommes sans armes.* Cathelineau alors monta hardiment l'échelle. Quand il fut parvenu à la hauteur de la trappe ouverte, il parla aux soldats avec un calme, une dignité qui me sont présens encore. Il dit une seconde fois : NOUS SOMMES DÉSARMÉS, NE TIREZ PAS ! Deux coups de feu suivirent immédiatement ces paroles, et le malheureux Cathelineau, frappé à mort, tomba du haut de l'échelle à côté de moi. (Sensation profonde dans l'assemblée.) Mon habit fut inondé du sang de mon malheureux ami......; *il est sur moi; les traces y sont encore !* (On ne peut décrire l'effet que produisent ces paroles.)

Nous quittâmes alors notre cache, et nous descendîmes pour voir si dans d'autres localités de la Chapronnière, nous trouverions des soldats plus humains. La femme de Guinehut vint alors à nous et dit : Cachez-vous dans le caveau, voilà assez de malheurs pour un jour ! Ce caveau devint donc notre nouveau refuge. Guinehut, battu, menacé par les militaires, dût ouvrir l'ouverture du caveau. On nous cria : M. de Civrac, si vous êtes là, montez, rendez-vous. Nous montâmes. Nous ne pûmes nous défendre, en voyant les soldats, de leur exprimer notre indignation sur le meurtre qui venait d'être commis. Ce fut alors que l'officier du 29e nous répondit ces mots remarquables : *J'avais mes ordres.*

M. le président : Les paroles que vous rapportez-là sont un outrage pour l'autorité supérieure. C'est la première fois, d'ailleurs, que vous les mentionnez.

— 39 —

Moricet : J'ai pu les omettre dans mes précédentes déclarations ; au surplus, M. de Civrac les a entendues.

M. le président : Il m'est pénible de faire contredire M. Moricet par M. de Civrac. M. de Civrac, répondez.

M. de Civrac se lève et dit : J'affirme que l'officier du 29ᵉ m'a dit : C'est moi qui ai donné l'ordre de tirer ; J'AVAIS MES ORDRES. (Profonde sensation.)

M. le président : MM. les jurés remarqueront que c'est la première fois aussi que M. de Civrac rapporte ces paroles.

M. l'avocat-général : On ne trouve rien de semblable dans la procédure.

Un avocat : On sait pourquoi.

Mᵉ Janvier : Il y a déjà plus de quatre mois que M. de Civrac m'a remis des notes où ce fait était ainsi raconté, et si on l'exige, je vais les envoyer chercher ; dans un quart d'heure, ce fait sera établi.

Le président : Cathelineau a-t-il tiré ?

M. de Civrac : Non, monsieur, il était sans armes ; d'ailleurs, si Cathelineau eût tiré avec un de ces pistolets, il se serait trouvé, NON PAS DANS LE CAVEAU où nous avons été arrêtés, mais PRÈS DE SON CORPS. (Sensation.)

M. le président fait observer à MM. les jurés, que quelque soit la manière dont Cathelineau ait été tué, il est constant, et le témoin Regnier avoue, qu'il avait pris un fusil des mains d'un soldat, et avait LUI-MÊME fait feu sur Cathelineau.

Relativement au coup de pistolet tiré, selon l'accusation, par Cathelineau, M. Moricet établit l'impossibilité totale où ce même Cathelineau se serait trouvé, eu égard aux localités, d'employer cette arme.

M. le président : Des pistolets ont été trouvés. Le procès-verbal dit que l'une de ces armes avait été récemment déchargée.

— R. Les traces de la décharge d'une arme sont fort suspectes. Il est, quoiqu'on ait dit souvent, fort difficile de décider qu'un pistolet a fait feu depuis un temps donné.

M. le président: Ah! M. Moricet, vous sentez que vous ne pouvez servir d'expert à cet égard. Au reste, les témoins ont signalé l'existence de ces traces: on verra s'ils ont dit vrai.

M. le président: Dans le système de l'accusation, un coup de pistolet aurait été tiré, il aurait donc fallu que les accusés eussent pris le pistolet dont Cathelineau venait de faire usage, et l'eussent emporté avec eux dans le caveau où ils ont été trouvés, ainsi que les quatre pistolets.

M. Moricet: M. le président, comment aurions-nous eu cette précaution, puisque nous n'eûmes même pas le temps de retirer la clé qui ouvrait la seconde trappe, que nous la laissâmes en vue, et perpendiculairement placée sur le plancher, dans la serrure qu'elle ouvrait. J'ajouterai de plus, que nous laissâmes nos chapeaux sur le lit de M. de Civrac, tant nous étions pressés de descendre. Au reste, il sera prouvé que nous ne pouvions emporter ce pistolet, puisque Cathelineau n'en avait point.

Un juré: Je demande à présenter une observation.

M. le président: Parlez, monsieur.

Le juré: Dans un espace aussi rétréci que celui qui servait de refuge aux accusés, il est impossible que la balle de Cathelineau, en supposant qu'il ait fait feu, n'ait pas laissé quelques vestiges.

Me Janvier: Oh! cette balle aussi s'est évaporée! (Rires.)

Un autre juré: Cathelineau, d'après le dire de MM. de

Civrac et Moricet, Cathelineau a reçu un coup de feu
et sa blessure a repandu beaucoup de sang. Comment
alors ce pistolet, qui serait tombé des mains de Cathelineau, quand il fut frappé, dans la marre de sang, comment,
dis-je, le pistolet n'est-il pas indiqué dans la procédure
comme portant des traces de sang? (Sensation.)

M. le président : la défense pourra faire son profit de la
remarque de M. le juré.

Accusé Moricet, vous avez dit n'avoir eu aucune connaissance des objets déposés dans le caveau. Vous remarquerez cependant qu'il a été trouvé là un registre de perception. (M. Moricet était receveur avant la révolution de
juillet.) — R. Ce registre ne m'appartenait pas. Il est notoire que les vieux registres sont la propriété du percepteur
et non du receveur; celui dont il est question au surplus
remonte à 1817. — D. Pourriez-vous prouver la non-
participation de Cathelineau à la rédaction des bons pour
l'armée insurrectionnelle? — R. Tout ce que je puis dire
à l'égard de ces bons, c'est que j'en ignorais l'existence.

M. le président : Il est difficile dans tous les cas d'admettre que ces bons, trouvés en si grande quantité, n'aient
rien de commun avec une organisation de guerre civile.

Me Janvier : Mais encore une fois, M. le président,
personne ne doute de l'organisation d'un grand mouvement
dans l'Ouest. On ne nie ici qu'un fait d'insurrection à
Beaupréau. Quant à ces bons on en voyait partout de
pareils.

M. le président : Il est notoire que trois paquets de ces
bons de distribution ont été apportés pendant votre séjour à
la Chapronnière. — R. C'est possible, mais je n'en ai pas
connaissance. — D. Vous aviez sur vous 480 francs, ce qui semblerait indiquer que vous ne comptiez pas retourner chez
vous. Dès le 7, votre passeport était en règle. Cependant,

remarquez-le bien, du 14 au 21 , de justes préoccupations
doivent vous assaillir ,et, malgré cela , vous restez. — R.
J'allais partir, monsieur ; mais l'épidémie régnait alors à Paris ,
je craignis de m'y rendre. D'ailleurs , les précautions dont je
m'entourais étaient toutes naturelles : j'ai déjà dit que je ne
croyais pas pouvoir sortir ostensiblement. — D. Avez-vous
eu connaissance de la prise d'armes qui devait avoir lieu ? —
J'ai souvent entendu dire que les vexations atroces que l'on
faisait éprouver dans l'arrondissement de Beaupréau, comme
dans toute la Vendée, pourraient occasionner des soulèvemens;
mais je n'ai jamais entendu dire qu'il dût y avoir une prise
d'armes pour le 27 ou 28 mai; j'ajouterai que je sais tout le
contraire.

Me Janvier : Il est positif que jamais ces jours là n'ont été
indiqués comme une époque de soulèvement; d'autres jours ,
oui ; mais, le 27 ou le 28 , jamais.

M. le président procède ensuite à l'interrogatoire de l'accusé Brouard, curé de Jallais.

— D. Quel motif , accusé, a pu vous porter à disparaître de
votre domicile , à vivre en fugitif , à errer dans le pays , genre
de vie si peu en harmonie avec le caractère dont nous étiez re-
vêtu ?

M. Brouard : J'avais recueilli de nombreuses menaces ré-
pandues contre moi. On parlait de soldats qui venaient pour
m'arrêter. J'avoue que je craignais les lenteurs d'un jugement.
La fuite me parut le meilleur moyen que je pusse employer.

M. le président: Ainsi, voilà trois accusés qui, en même
temps , ont agi sous l'influence de la crainte d'un mandat
d'amener.

Brouard : J'ai l'honneur de vous répéter que des menaces m'avaient été adressées ; que j'avais des raisons pour
être fort inquiet. En supposant que je me trompasse , en
croyant qu'on venait pour m'arrêter, ma crainte était
toujours naturelle , car nous étions, dans le pays , frappés

par la mesure de l'état de siége, sous laquelle les arrestations se font arbitrairement.

M. le président : Du 21 au 28 mai, n'avez-vous pas fait une visite au château de la Chapronnière. — R. Oui, j'y vis MM. de Civrac, Cathelineau et Moricet, la reconnaissance m'engageait à cette visite.

Le président : Avez-vous connaissance du projet de l'insurection qui devait éclater. — R. Non, Monsieur.

D. Mais n'était-ce pas dans l'intérêt de ceux qui étaient à la tête de cette insurrection ? n'était-ce pas pour cette insurrection, en un mot, que vous alliez à la Chapronnière? — R. Aucunement, Monsieur.

M. le président : Vous prétendez que vous êtes constamment resté en dehors du cercle où se fomentaient les plans insurrectionnels, vous dites que vous n'avez connaissance d'aucun projet de chouans, cependant, d'après le système de l'accusation, il est avéré que le mouvement devait éclater du 27 au 28, et que l'indication du jour de cette prise d'armes, était connue de certaines gens. Or, dans une lettre que j'ai là, et dont je vais donner communication à MM. les jurés, dans cette lettre, dis-je, vous parlez en homme tout-à-fait instruit de ce que les chouans méditaient. Tout cela se rapporte avec cette partie de l'accusation, qu mentionne les rencontres de Lhuillier, l'un des accusés dans les landes, avec un autre individu à qui il aurait dit : Le coup est manqué par le fait de l'arrestation de M. de Civrac. M. Brouard, voici votre lettre :

A Monsieur de Montjeau, maire de Jallais.

Jallais, 12 juin 1832.

Je me suis rendu, ce soir, à votre château, croyant vous y trouver et désirant m'entretenir avec vous; mais je n'ai pu vous rencontrer : n'ayant aucune espérance de vous faire venir à 11 heures du soir, j'ai pris le parti de vous écrire.

Si je me suis caché, ce n'est pas que je me sois reconnu
coupable ; mais comme mes effets se trouvaient cachés dans
une maison compromise, et que j'ai été averti de bonne part
et à plusieurs reprises, qu'on voulait m'arrêter sous ce prétexte, j'ai craint une justice si brutale et j'ai pris le parti de
me cacher. J'ignore absolument la cause de la haine que l'on
me porte, et je désirerais connaître ce que l'on me reproche,
afin de pouvoir me justifier. On dit que je suis dans les
chouans, et depuis que je suis sorti de chez moi, je ne leur
ai pas parlé, je ne les ai pas même rencontrés ; cependant
j'entends dire de tous côtés que là où on me trouvera on
tirera sur moi. Si on me reproche quelques actes, je vous
prie de me les faire connaître ; pour moi, je ne me connais
d'autre crime que celui d'avoir une manière de penser différente de celle de mes ennemis ; mais je ne crois pas que ce
soit un crime digne de mort.

J'aurais aussi désiré vous parler des ravages exercés dans
mon presbytère et du tort qu'on a fait à la Chapronnière à
mes effets, et des moyens à prendre pour les recouvrer et
empêcher le retour de pareils excès ; mais je ne puis le faire,
puisque je ne puis vous voir. Seulement je vous prie de faire
votre possible pour que de pareilles scènes ne se renouvellent
pas : vous pensez bien que des désordres semblables peuvent
attirer les plus terribles représailles. Si je regrette d'être
obligé de me cacher, c'est parce que je ne puis plus rendre
service à mes ennemis dans le cas assez probable d'un soulèvement général. J'avais projet de leur ouvrir mon presbytère, comme un asile assuré dans ce cas, et j'aurais péri plutôt que de souffrir qu'on lui eût touché ; mais dans la position où je me trouve je ne serai plus à même de me venger
d'eux de cette manière, et je crains bien que mon absence
ne leur soit bien préjudiciable. Cependant je veux faire tout
mon possible pour eux et pour vous ; si par malheur le pays

venait à se soulever, je vous conjure de vous retirer de suite
dans ma maison, en passant par les murs de la Cannibalerie,
et d'y conduire la famille Bellot et M. Oger ; car je crains
beaucoup pour eux.

J'ai l'honneur d'être, etc.,

Brouard, curé de Jallais.

M. le président : De cette lettre, il ressort la preuve
qu'une insurrection devait éclater et que quelques personnes
étaient dans le secret.

Mᵉ Janvier : C'est le secret de la comédie.

Brouard : Il n'était que trop notoire que l'insurrection
était flagrante. Des rassemblemens de chouans avaient eu
lieu ; le nombre des mécontens augmentait tous les jours,
et je ne pouvais prévoir jusqu'où cela irait. Remarquez,
messieurs, que la lettre que lit M. le président et qu'il
suppose écrite au mois de mai avant le 27, est du mois de
juin, lorsque l'insurrection qui se déclara dans ce mois
fut commencée, je n'avais donc point connaissance d'un
complot qui devait éclater ; mais j'étais témoin de faits
qui se passaient sous mes yeux, et dont on ne pouvait apprécier les suites. (Sensation très-marquée.)

Le sentiment qu'alors j'ai éprouvé peut s'avouer sans
doute : c'était un sentiment de crainte pour les personnes
qui avaient des opinions politiques contraires aux miennes.
Je redoutais pour elles la colère des Vendéens et je voulais
les avertir et leur offrir, le cas d'une réaction échéant, un
asile dans ma propre maison. Tout cela ne ressemble pas
aux menées d'un conspirateur et ne dit pas, surtout, que le
secret d'un complot fut à ma connaissance. Je pressentais
des malheurs, voilà tout. Cela devait être ; les germes d'une
insurrection étaient partout, on pouvait considérer un mouvement, une prise d'armes comme chose flagrante.

Mᵉ Johanet : On sait bien comment une guerre com-

mence , il est difficile de prévoir quand elle finira. Il faut
remarquer , pour l'appréciation du caractère de mon client,
qu'au moment d'un danger qui lui paraissait imminent il
offrait, comme un homme de vertu et de paix, un asile à ses
ennemis mêmes. Tel est l'accusé , messieurs les jurés! Sa
lettre lui fait le plus grand honneur.

Les paroles de Me Johanet, prononcées avec force,
provoquent des applaudissemens au fond de l'auditoire. Ils
sont à l'instant réprimés par M. le président : cette manifestation est généralement blâmée, comme inconvenante
devant la justice.

Un juré demande la suspension de l'audience pendant
cinq minutes.

La séance est reprise au bout de dix minutes.

M. le président procède à l'interrogatoire de l'accusé
Guinehut.

D. Vous êtes fermier à la Chapronnière. — R. Oui ,
monsieur. — D. Connaissez-vous MM. de Civrac et Moricet depuis long-temps? — Je les connaissais , mais très-
peu. — D. Le 21 mai , vous vîtes M. de Civrac ? ne vous fit-
il aucune confidence ? — R. Non , mais il me dit cependant que son intention était de venir chez moi pour se cacher. — D. A quelle heure arriva-t-il? — R. A minuit. — D.
Vous étiez en même temps dépositaire d'effets appartenant
au curé Brouard, où les avez-vous cachés ? — R. Dans la
chambre que M. de Civrac a occupée. — D. Avez-vous eu
quelques relations antérieures avec Cathelineau ? — R. Je
le connaissais bien avant les événemens qui amenèrent sa
mort; mais je ne le voyais pas souvent. — D. Il y avait une
intimité entre vous et lui ? — R. Nous avions été à l'école
ensemble. — D. Cette intimité a-t-elle provoqué des confidences relatives au but que les insurgés se proposaient?
— R. Jamais, monsieur. — D. Des envois de poudre et de

balles n'ont-ils pas été faits chez vous. — R. Oui , mais je ne connaissais pas ceux qui apportaient ces munitions. — D. Mais, ne vous disait-on pas dans quelle intention ultérieure ces envois vous étaient faits? — R. Non , monsieur. — D. Cathelineau , en un mot, avait fait de votre habitation une sorte d'arsenal? — R. Je ne saurais dire quelles étaient les intentions de M. Cathelineau; seulement il m'avait dit qu'il avait de la poudre à cacher , et sur ses pressantes sollicitations j'ai consenti à m'en charger. — D. Vous dites que Cathelineau ne vous avait pas mis au fait des projets médités par lui , cependant il a été établi que des hommes, envoyés par lui sans doute , ont fait chez vous des cartouches. Il y a plus : Cathelineau était convenu avec vous , que vous ne remettriez de la poudre qu'à ceux de ses émissaires qui vous apporteraient un papier taillé d'une certaine manière. Il avait gardé le patron de ce papier dans son porte-feuille. — R. C'est vrai , mais je n'ai jamais voulu que l'on fît des cartouches chez moi. — D. Comment! vous ne soupçonniez pas que ces hommes étaient des chouans? Il est certain cependant qu'ils faisaient partie de bandes? — R. Je n'en savais rien. — D. Qu'avez-vous fait, lors des perquisitions qui ont eu lieu chez vous? — R. J'ai dit d'abord qu'il n'y avait personne chez moi. Mais après , les coups de fusils m'ont épouvanté : on venait de tirer sur ces messieurs. J'ai dit alors la vérité; d'ailleurs ma maison a déjà été brûlée dans les premières guerres, je ne voulais pas m'exposer au même malheur. — D. Combien croyez-vous avoir entendu de coups de feu? — R. Deux, je crois; mais dans ce moment j'étais maltraité par les militaires, d'une manière affreuse: ils me plaçaient le canon de leurs fusils dans la bouche : vous sentez que, dans un cas pareil , on peut entendre mal. — D. Mais, dans une précédente déclaration , vous avez parlé de trois coups de feu.

La courte discussion qui s'élève ici indique que Guine-hut, qui avait d'abord parlé de deux coups de feu, a dit ensuite trois, pressé qu'il était par les instances obstinées de M. le juge de paix qui a procédé à ses interrogatoires.

M. le président : A quelle époque avait-on pratiqué chez vous les caches qui s'y trouvent? — R. Il y avait bien dix-huit mois. M. Brouard m'avait demandé d'y cacher ses effets.

M. le président : Accusé Brouard, qu'avez-vous à répondre :

M. Brouard : Quelque temps après la révolution de juillet, craignant des persécutions contre les prêtres, et que la révolution prît le caractère de la première, mon père m'engagea à chercher une retraite à tout événement. Ce fut lui qui pratiquât les trappes de la Chapronnière, et j'y cachai mes effets. — D. A qu'elle époque y cachâtes-vous vos effets? — R. Lors du pillage de l'archevêché.

M. L'avocat-général : Je demanderai à Guinehut si, quand Cathelineau lui a donné de la poudre à garder, il lui avait fait part de la destination qu'avaient ces munitions, si, par exemple, un soulèvement général n'allait pas avoir lieu en Vendée? Ne vous a-t-il pas dit qu'il attendait de nouveaux envois de poudre et que, si vous consentiez à en faire un grand dépôt dans votre maison, vous seriez récompensé?— R. Je rendais quelques services à M. Cathelineau, et il me disait qu'il se montrerait reconnaissant. — D. Pourriez-vous apprécier la quantité de poudre qui a été déposée chez vous? — R. Je ne peux répondre à cela : je recevais sans compte. — D. N'avez-vous pas dit cinq ou six cents livres en différentes fois? — R. Peut-être bien, je ne sais pas combien.

— D. On vous a apporté quatre pistolets, que vous avez payés pour Cathelineau? — R. Oui, 24 francs.—D. Connaissez-vous un des individus qui vous ont apporté ces armes? — R.

Non Monsieur. — D. Cathelineau ne vous a-t-il pas demandé que l'on fit des balles chez vous? — R. Non, monsieur. — D. Vous a-t-il parlé d'un soulèvement? — R. Jamais. — D. Le vendredi, n'avez-vous pas apporté un paquet confié à vous par Cathelineau? — R. Oui, c'était un paquet enveloppé de toile cirée. — M. le président : Quand vous apportâtes ce paquet à Cathelineau, que vous dit-il? — R. Il ouvrit un peu la toile cirée et il vit ce que c'était; il me dit : Nous avons bien besoin de cela, que veut-on que j'en fasse? cachez cela dans quelque coin. — D. Avez-vous reçu Buffard? — R. Oui, monsieur, il est venu plusieurs fois chez moi, et il a couché huit jours sous fagots, dans la cour. — D. Cathelineau ne vous a-t-il pas dit de nourrir les bandes; ne vous a-t-il pas remis pour les chouans différentes choses? — R. Il m'a donné une fois des des chemises que je leur ai distribuées. — D. Messieurs de Civrac et Moricet savaient-ils que vous aviez de la poudre chez vous? — R. Je l'ignore, mais je ne le crois pas. — D. Pendant que ces deux messieurs étaient chez vous, des chouans sont-ils venus les visiter? — R. Non, ils n'ont vu personne. — D. Les militaires, avant de tirer sur Cathelineau, ont-ils fait les sommations voulues? — R. Les sommations ont été faites; mais après les coups de feu. (Mouvement.) — D. Avez-vous entendu les voix qui, dans la cache, criaient : nous nous rendons! — R. A ce moment j'étais en butte à des traitemens abominables.

M. le président donne lecture d'une déposition de Guinehut, faite précédemment, et qui présente quelques contradictions avec celle qui vient d'être faite.

Il aurait entendu dire aussi que Cathelineau, au moment où la trappe qui le cachait a été ouverte, aurait tiré sur les militaires, mais ce seraient les soldats qui auraient produit cette assertion devant lui. Le président fait remarquer à Guinehut, qu'il a dit avoir entendu les propos des soldats sur ce point, peu de temps après le bruit des décharges.

4

Un Juré : A propos de quoi les soldats auraient-ils parlé immédiatement de ce fait ?

Guinehut : Je vais le dire. Les militaires étaient furieux ; ils prétendaient que par mon obstination à taire l'asile que j'avais donné à MM. de Civrac, Moricet et Cathelineau, j'avais causé de grands malheurs ; qu'en un mot, M. Cathelineau, que j'avais un moment caché, avait voulu les assassiner. Mais M. Cathelineau n'avait point d'armes, il aurait donc fallu qu'il eût eu des pistolets de poche, puisque les autres étaient dans le caveau.

Un membre du juri réclame une nouvelle description des localités de la Chapronnière, demande à laquelle M. le président satisfait à l'instant même.

Il résulte de la dernière partie de la déposition écrite du fermier Guinehut et des rapprochemens auxquels elle donne lieu que, sur les 4 pistolets trouvés à la Chapronnière, deux étaient chargés quand on les apporta chez le fermier Guinehut. Or, dit M. le président, si Cathelineau a fait feu avec l'une de ces armes, il faudrait qu'elle eût été rechargée immédiatement.

Dans cette déposition, contre laquelle Guinehut réclame souvent, il termine en déclarant qu'il n'a pas fait partie des armées de l'ancienne Vendée, et que, dans les cent jours, il a payé un homme à raison de cent sous par jour pour aller au rendez-vous de la Roche-Servière. Il se recommande à la clémence de la justice ; il est père de sept enfans. Guinehut veut parler, M. le président lève la séance.

SÉANCE DU LENDEMAIN.

M. le président, à l'ouverture de l'audience, donne connaissance aux accusés qu'on avait fait retirer à l'audience d'hier, pendant l'interrogatoire des deux premiers accusés, de ce qui est résulté de leurs interrogatoires respectifs.

Immédiatement après cette relation, M. le président annonce qu'il va faire ouvrir la caisse renfermant les pièces de conviction, et les faire passer devant les accusés.

En attendant, continue M. le président, l'ouvrier qui doit procéder à l'ouverture de cette caisse, nous allons donner lecture à MM. les jurés du procès-verbal constatant l'état du cadavre de Cathelineau. Ce procès-verbal est d'un grand intérêt dans cette cause. Vous vous rappellez, MM. les jurés, que l'accusation prétend que Cathelineau a reçu la mort dans la position d'un homme tirant un coup de pistolet. Dans le système de la défense, au contraire, Cathelineau serait sorti en s'écriant qu'il se rendait, et que, malgré cela, deux coups de feu l'avaient renversé mortellement. Ce procès-verbal fera donc connaître si, d'après la situation des blessures, Cathelineau était alors dans la position d'un homme prêt à tirer un coup de pistolet, ou si son attitude, selon le système de la défense, était celle d'un homme qui veut se rendre.

Me. Janvier: M. le président ne trouve-t-il pas convenable d'appeler, en vertu de son pouvoir discrétionnaire, un médecin pour constater encore, d'après les documens de ce procès-verbal, l'attitude de Cathelineau? J'ai consulté dans le pays, et l'on m'a dit qu'il semblait évident que Cathelineau était dans la position d'un homme qui lève la main.

M. le président répond que la demande est prématurée; et que jusqu'à ce moment du moins, il ne pense pas qu'il soit utile d'user à cet égard de son pouvoir discrétionnaire.

Le serrurier, demandé pour ouvrir la caisse, étant arrivé, M. le président s'interrompt pour procéder à l'ouverture et à l'examen de la caisse et de ce qu'elle renferme. Il prévient l'ouvrier d'user de précautions pour cette opération: la caisse renfermait de la poudre et des pistolets chargés. On dépose les objets sur la table placée à cet effet devant la Cour.

M. le président : Premier accusé, reconnaissez-vous ces objets pour être ceux que l'on avait déposés dans le caveau qui vous a servi de retraite? — M. de Civrac : Je ne puis bien les reconnaître; car ces objets n'ont aucun signe de reconnaissance, et d'ailleurs ils me furent présentés fort rapidement. On a apporté un grand panier qu'on a prétendu renfermer de la poudre et des pistolets; mais on n'a fait que traverser l'appartement.

M. Moricet ne reconnaît que la couleur des vêtemens placés sous les yeux de la cour. Il déclare qu'en effet on lui a montré quatre pistolets, mais qu'il ne put reconnaître avec précision aucun des objets; il ne prétend pourtant nier aucunement l'identité de ces objets.

M. le président observe aux jurés que ce qu'il importe de constater ici c'est l'existence de munitions de guerre, que les accusés ne nient de nulle sorte; quant à l'identité de ces objets, ils ont été apportés sous les scellés; et les jurés ont pu voir quel était l'état des scellés lors de l'ouverture de la caisse.

Je vais, continue M. le président, demander aux accusés s'ils reconnaissent ces objets divers, comme la loi m'en fait un devoir.

M. l'abbé Brouard déclare qu'il reconnaît le petit sac bleu; il dit qu'il doit y avoir de plus un petit livre lui appartenant. Il insiste sur ce point, parce que l'on a prétendu faire résulter de ce fait qu'il disait la messe dans le lieu où les objets ont été trouvés.

M. le président: On ne prétend nullement en tirer cette présomption : on veut seulement faire de ce fait ressortir la preuve de votre présence dans ces lieux.

L'accusé Guinehut déclare reconnaître à peu près les

objets pour les avoir lui-même descendus dans le caveau.

L'accusé Sailles ne reconnaît aucun des objets, puisqu'il n'a pas été au château; ce n'est pas lui, dit-il, qui a porté les armes qu'on y a trouvées.

L'accusé Cailleau fait la même déclaration que Sailles. — L'accusé Pineau dit n'avoir point été à la Chapronnière. — L'accusé Sinan déclare avoir été au château de la Chapron_ nière; mais qu'il ne reconnaît aucun des objets représentés.

M⁰ Janvier: Je demanderai à M. le président s'il n'existe pas d'autres pièces de conviction appartenant à M. de Civrac?

M. le président: On n'a cru devoir soumettre à l'exa- men de MM. les jurés que les objets qui semblaient constituer de véritables pièces de conviction.

M. Moricet: On doit trouver dans les vêtemens exposés sur cette table l'argent, et la montre que portait Cathelineau.

M. le président répète que l'on n'a apporté que les objets véritablement considérés comme pièces de conviction. Quant aux autres effets appartenant aux accusés, ils devront, sans aucun doute, leur être restitués, continue M. le président; si ces objets sont absens, c'est là certainement un tort: ce peut être l'occasion d'intenter une action civile contre les dépositaires; mais cette discussion est étrangère à la cour d'assises. Si, dans le cours des débats, un défen- seur croit la présentation de quelqu'un des objets absens utile à la justification de son client, il pourra faire alors sa réclamation.

M⁰ Janvier fait observer qu'il a été dit qu'une bouteille a été trouvée dans le caveau, et que l'on a voulu en inférer que cette bouteille avait été vidée par les accusés quelques momens avant leur découverte.

M. le président: On n'a pu prétendre que dans le moment d'un aussi grand danger, les accusés aient songé à boire dans leur retraite. M. le président prévient ensuite Mᵉ Janvier que les incidens de cette nature ralentissent le cours des débats, et que l'on n'a fait mention de cette bouteille que comme d'une preuve de la présence des accusés. Mᵉ Janvier répond que ce n'est point quant au fait de la bouteille en lui-même qu'il a cru devoir faire sa réclamation, mais pour établir qu'il existe de grandes et nombreuses inexactitudes quant à la nature des objets ; que sa sollicitude pour la bouteille n'est pas aussi grande qu'on paraît le supposer .(On Rit.)

M. le président donne lecture du procès-verbal de l'autopsie de Cathelineau, 28 mai 1832, par MM. Michel Danger et Pierre-Hyacinthe-Hypolyte Lavallée, docteur en médecine, dressé à la caserne de la gendarmerie de Chollet.

Le cadavre mis à nu, nous présente extérieurement quatre plaies, une de chaque côté du cou, et deux à la partie extérieure et interne du bras droit. Nous ne tardons pas à reconnaître qu'elles ont été produites par le même coup de feu qui, ayant atteint ledit Cathelineau, d'abord au-dessous de l'angle de la mâchoire inférieure du côté gauche, a traversé le cou d'un côté à l'autre en s'inclinant un peu, et est venu frapper le bras droit à la partie supérieure et interne ; et la coïncidence que nous établissons entre les quatres ouvertures, en tenant le bras droit dans une situation presque horizontale avec les épaules, ne nous laisse pas de doute que ces ouvertures ne soient le produit du même projectile lancé pendant que le bras avait cette direction.

Procédant à un examen plus profond, nous observons que les parties du cou atteintes sont en quelque sorte broyées. L'angle de la mâchoire du côté gauche, vers lequel semble s'être d'abord dirigée la balle, est brisée en éclat. Les veines jugulaires et les artères-carotides, qui ont fourni la grande quantité de sang répandu, ne sont pas reconnaissables dans cet endroit. Les troisième et quatrième vertèbres cervicales sont brisées. La grande corne de l'os hyoïde du côté droit et les cartilages du larynx sont aussi brisés en plusieurs endroits ; enfin toutes les parties molles du cou sont couvertes en bouillie impregnée de sang. Au bras, la balle a traversé la courte portion du muscle biceps. Nous concluons de notre examen que M. Cathelineau est mort d'un coup de fusil chargé à balle ; qu'il a été frappé au moment où il avait le bras droit élevé horizontalement à la hauteur des épaules, et qu'il a dû en raison de la gravité des désordres, mourir presque instantanément après ses blessures. En foi de quoi , etc.

M. le président donne des louanges à l'extrême réserve du procès-verbal dont il vient de donner lecture. On examinera dans la discussion si les conjectures tirées par le médecin qui a opéré cette expertise médico-légale sont probables : quant à présent, M. le président, revenant à la demande antérieurement faite par Me Janvier , pense qu'il n'y a point lieu à user de son pouvoir discrétionnaire.

Un de messieurs les jurés demande si la même balle a frappé la partie gauche du cou, et est arrivée à frapper le bras droit ? M. le président : Oui , il reste maintenant à examiner si l'attitude de Cathelineau peut être attribuée ou à l'action de tirer un coup de pistolet, ou bien simplement à celle d'étendre le bras comme pour adresser la parole, soit encore de s'appuyer sur le mur à hauteur de la trappe. Nous constatons simplement maintenant le matériel du rapport qui me semble un modèle de sagesse et de réserve.

Me Janvier : C'est pour confirmer et non pour infirmer ce rapport que j'ai demandé une vérification nouvelle.

M. le président reprend l'interrogatoire des accusés.

Et procède a l'interrogatoire de Saillé :

L'accusé rapporte et soutient de la manière la plus vive que les aveux qu'il a faits et qui ont été consignés , lui ont été extorqués par les mauvais traitemens qu'il a reçus du capitaine Cœur, qui le frappait d'un manche à balai pour le faire parler.

M. le président : Accusé Sailles, on pourrait supposer que vous ne parlez ainsi que parce que l'absence du capitaine Cœur a été annoncée.

Sailles : Et, pourquoi n'est-il pas venu ? c'est un scélérat.

M. le président : Sailles, il est arrivé. Tout à l'heure il comparaîtra.

Sailles : Tant mieux. — D. Une médaille à l'effigie de Henri V a été trouvée sur vous. Il a été déclaré par vous que vous la teniez de Cathelineau. Est-ce encore le capitaine Cœur qui a forcé votre déclaration à cet égard.

Sailles se renferme dans un système constant de dénégations. Il déclare être resté tout à fait étranger aux faits que l'accusation lui prête : il affirme n'avoir jamais vu Cathelineau; il se défend d'avoir eu rendez-vous avec un jeune homme pour s'entendre sur la prise d'armes projetée pour le 28. Seulement il en a rencontré un qui lui en a parlé.

Ici, l'un de MM. les jurés demande la suspension de l'audience pour cinq minutes.

A la rentrée en séance, M. le président procède à l'interrogatoire de Cailleau.

Cet accusé avoue avoir fait partie de la bande du chouan Buffard. Il répond également qu'il n'a jamais vu Cathelineau. Toutes les questions qui lui sont posées et les réponses qu'il fait, sont relatives à la vie errante et presque romantique des proscrits de la Vendée; mais on ne trouve entre elles et la partie du procès relative aux trois premiers accusés, aucun point de rapport. L'auditoire étonné ne peut s'empêcher de se demander ce qu'il y a de commun entre les faits reprochés aux sieurs de Civrac, Moricet et Brouard, et ces paysans qui viennent pour présenter leur défense devant la cour (1).

Les accusés Pineau et Sinan n'ont aussi à répondre qu'à des questions relatives à la vie de chouans qu'ils sont accusés d'avoir menée. Le jeune Lhuillier est le moins chargé de tous : le seul fait dont on l'accuse, étant celui d'un rôle de commissionnaire qu'il aurait rempli au profit des paysans qui chouannaient. Ce serait lui qui, dans les landes de la Jubaudière, serait venu dire à Sailles et à Cailleau, qu'aux premiers coups de tocsin dans les campagnes l'insurrection éclaterait; ce serait encore lui qui, après les événemens du 28, serait venu dire aux mêmes individus que le coup était manqué. Les accusés Cailleau et Sailles affirment que cet affidé mystérieux n'était nullement Lhuillier, mais un jeune homme qu'ils ne connaissaient pas, et qui avait au moins 27 ou 28 ans. Lhuillier n'a que 17 ans.

M. le président procède à l'interrogatoire des témoins.

Le premier qui est introduit est le nommé René Servet, maréchal-des-logis de gendarmerie, à la résidence de Beaupréau.

M. le président : Comment vous nommez-vous? — R. René Servet, maréchal-des-logis de gendarmerie, à Beaupréau. — D. Vous vous êtes transporté le 27 mai chez le fermier Guinehut? — R. Oui, monsieur, et je lui ai demandé s'il n'avait pas dans sa maison des personnes qui avaient intérêt à se cacher. La réponse du fermier ne m'ayant pas paru satisfaisante, je lui dis de me conduire à l'étage supérieur de l'habitation. A peine arrivé, les détonations de plusieurs

(1) Cette réunion d'élémens distincts les uns des autres dans un même procès, rappelle la confusion de prévenus et de délits dans l'affaire du 18, à Paris, où MM. Cavaignac, Sambut et Danton figuraient chacun sous une charge différente.

coups de feu retentirent. Je vis une trappe ouverte ; je demandai ce que cette trappe avait caché ; il me fut répondu que c'était MM. de Civrac et Moricet. Je crus alors utile d'aller chercher du renfort. — D. Votre lieutenant n'a-t-il pas menacé le fermier Guinehut ? — R. Oui, par son ordre, on l'a attaché ; je crois même me rappeler qu'il a reçu quelques coups.

M. le président, Vous faites bien, témoin, de dire la vérité, au risque même d'indisposer votre supérieur ; mais apprenez ici une chose qui pourrait vous être utile dans le cas où vous seriez appelé à commander en chef une expédition de ce genre : c'est que vous seriez fort blâmable d'agir comme l'a fait votre lieutenant. Un officier de police judiciaire ne saurait mettre trop de douceur dans l'exercice de ses fonctions. Si votre officier était là je lui donnerais la leçon qu'il a méritée.

Me Janvier : Il est ici.

M. le président : Eh bien, quand il comparaîtra, nous lui répéterons ce que nous venons de dire. (Marques d'assentiment dans l'assemblée.)

D. Combien avez-vous entendu de coups de feu ? — R. Deux ou trois ; mais je ne saurais trop préciser. — D. Pensiez-vous que MM. de Civrac, Moricet et Cathelineau fussent alors à la Chapronnière ? — R. Aucunement. — D. Avez-vous eu connaissance que M. de Civrac se soit occupé d'intrigues contre le gouvernement ? — R. Jamais. — D. Mais ne vous a-t-il pas été dit que des réunions de carlistes avaient eu lieu ? — R. Non, monsieur. — D. Que pouvez-vous apprendre à la Cour sur le compte du curé Brouard ? — R. Rien ; seulement la clameur publique l'accusait de donner aux paysans de mauvais conseils ; mais je n'ai rien su de positif à cet égard. — D. Et sur le fermier Guinehut ? — R. Je n'ai rien appris. — D. Mais, ne disait-on pas que le château de la Chapronnière avait été transformé en arsenal pour le compte des chouans ? — R.

Oui, monsieur , il a été question de cela. — D. Savez-vous quelques faits relatifs à Sailles et à Cailleau ? — R. Non, monsieur. — D. Et sur l'accusé Sinan ? — R. Ah! celui-là passait pour un maraudeur. On m'a dit aussi qu'il s'était trouvé à l'affaire de la Poëze. — D. Que savez-vous sur Lhuillier ? — R. Rien , monsieur.

Ici, M. l'avocat de Lhuillier fait constater au témoin le fait suivant : Lhuillier était encore au collége à l'époque des événemens qui font la base de l'accusation.

M. l'avocat-général, au témoin : Pourriez-vous nous dire si la maison de Moricet ne servait pas de réunion pour des conciliabules ? — R. Je ne sais rien là-dessus. On m'a dit seulement que M. Moricet avait fait de fréquentes absences.

L'accusé Moricet : Je voudrais que le témoin voulût bien dire à la Cour si, avant la révolution de juillet, je ne recevais pas les personnes qui depuis y ont été remarquées ?

Le témoin : Je dois convenir que ces mêmes personnes fréquentaient la maison de M. Moricet.

M. l'avocat-général : N'était-il pas venu jusqu'à l'autorité que, le 28, un coup devait avoir lieu ? — R. Oui , monsieur.

Me Janvier : Le 28 ? Oui. Me Janvier : On prouvera le contraire.

M. le président : Mais puisque le bruit d'un soulèvement était public , la gendarmerie devait en être instruite officiellement ? — R. Non , monsieur.

Me Janvier : On peut consulter les rapports de police du département. Il n'y est nullement mentionné qu'un mouvement dût avoir lieu à cette date et sur laquelle on revient éternellement. Me Janvier, à l'appui de cette assertion, lit une déclaration du sous-préfet de l'arrondissement , dans laquelle il n'est nullement question de la date, que selon l'accusation , les insurgés auraient fixée pour le soulèvement.

M. le président fait remarquer que cette pièce n'est pas officielle dans toute la rigueur du mot,

Le témoin se retire après avoir, en réponse à l'un de MM. les jurés, fixé le nombre de militaires présens à l'expédition de la Chapronnière à une vingtaine.

Le témoin Perrin, appelé aux débats, est encore en ce moment absent de la salle des témoins.

M. le président ordonne en conséquence l'introduction du témoin Barbaud.

Nous ne donnerons qu'un résumé de la déposition diffuse de ce témoin, dont la contenance et les hésitations ont plus d'une fois excité le rire de l'auditoire.

Le témoin Barbaud est un ancien chouan. Selon la déposition de ce témoin, qui ne peut désigner une époque bien précise, il aurait trouvé Cathelineau dans la rue, à onze heures du soir (le témoin donne à entendre que c'est pendant le séjour de Cathelineau à la Chapronnière); que celui-ci lui aurait dit de rassembler *sa compagnie*. Du reste, le témoin interpellé ne peut dire un endroit indiqué par Cathelineau pour le rassemblement de la compagnie. Le témoin aurait refusé d'obéir à cet ordre de Cathelineau. Cathelineau lui aurait dit que tout le monde devait se lever; qu'on supprimerait l'impôt sur le sel, et que le commerce reprendrait. Cathelineau lui aurait annoncé en outre que chaque homme recevrait une solde de dix sous, et les enfans une de cinq. Cathelineau ne lui a pas indiqué le jour du soulèvement.

Guinehut se lève avec vivacité : Cathelineau n'est jamais sorti de chez moi; il n'a pu voir Barbaud: je suis sûr de mon affaire. (Avec force.) Je ne laisserai pas incriminer un homme parce qu'il est mort!

M. le président : Accusé Guinehut, parlez avec plus de modération. Au témoin : Barbaud, vous vous rappelez encore vos anciens amis; j'invoque cette amitié en vous demandant la vérité: avez-vous vu Cathelineau? — R. Oui, je l'ai vu dans la rue, par une rencontre fortuite.

Ici une nouvelle question de M. le président est adressée à
Barbaud, pour savoir s'il savait alors que Cathelineau fût
caché à la Chapronnière, et le témoin, en répondant qu'il ne
l'a jamais su, fait de nouveau perdre la voie à MM. les jurés,
et nécessite qu'on recommence l'interrogatoire de Barbaud.
Par cette nouvelle explication, on obtient d'une manière assez
vague du témoin la déclaration qu'il aurait vu Cathelineau, du
jeudi au vendredi avant sa mort. Guinchut soutient que Cathelineau n'a point quitté la Chapronnière.

Me Janvier demande au témoin s'il n'a pas concouru à
fusiller M. de Marigny?

M. le président: Me Janvier, si vous croyez ce fait utile
à la défense, vous en parlerez dans votre plaidoirie; mais
je ne dois pas laisser faire aux témoins de semblables
questions.

Me Janvier: M. le président, vous m'avez mis dans la
voie de l'histoire et je m'y suis engagé. M. le président: je
ne ferai pas une question qui est étrangère à la cause
actuelle.

Me Janvier: Je voulais seulement établir, par cette
demande, que Cathelineau ne pouvait choisir le témoin
Barbaud pour lui faire ses confidences.

Le témoin Barbaud se retire. Il dit en s'en allant que s'il
a fusillé M. de Marigny, il a agi par ordre de son général.

Le témoin Perrin est introduit.

Il déclare être receveur particulier à Beaupréau, et, sur
l'invitation de M. le président, il s'exprime en ces termes :

Je suis arrivé à Beaupréau, le 12 novembre 1830. J'y
ai peu connu M. Moricet auquel je succédais. Je crois pouvoir
affirmer même que je n'ai eu l'honneur de voir MM. de
Civrac et Moricet que deux ou trois fois.

Dès le 1er août 1830, des soulèvemens partiels eurent
lieu en Vendée. J'ai su de bonne part que M. de Civrac

condamna toujours les démonstrations violentes. Certes,
si cet accusé eût été seul consulté dans ce malheureux
pays, jamais les prises d'armes n'auraient eu lieu. Cependant, je dois dire que l'on affirmait généralement que le
mot d'ordre de l'insurrection partait de Beaupréau, et que
des réunions, *politiques ou non*, avaient eu lieu chez
Moricet. Quant à M. de Civrac, jamais il n'a été question
qu'il eût quelque chose de commun avec les bandes qui se
sont organisées.

Le 27, M. de Civrac fut arrêté à la Chapronnière. Je
dois avouer que la nouvelle de cette arrestation causa une
peine générale dans le pays. Le sous-préfet de l'arrondissement, consulté sur ce fait, dit que M. le marquis avait
pris à tort de l'ombrage à la nouvelle qui lui avait été
donnée d'un mandat d'amener lancé contre lui; que cette
terreur qui l'avait saisi, était sans fondement.

Je dois ajouter qu'une personne de confiance m'a rapporté
que madame la Duchesse de Berri avait dit, ou avait fait
dire à M. le marquis : Je compte sur vous, M. de Civrac;
à cela l'accusé avait répondu : on veut une victime, eh bien!
je suis prêt!

Quant à Moricet, j'ai déjà dit que je l'avais remplacé
dans ses fonctions. Il doit m'être pénible de déposer contre
lui; et l'on doit comprendre l'embarras de ma position à
cet égard. M. Moricet passe dans le pays, à juste titre
sans doute, pour un homme capable. On a prétendu, mais
je ne saurais le garantir, qu'il avait des rapports avec les
bandes. On a attribué aussi les absences qu'il a faites à des
voyages entrepris dans l'intérêt de l'insurrection.

Je ne sais rien de relatif à M. le curé Brouard.

Quant à Lhuillier, il n'y a rien en lui d'un chef de
parti; il a tout au plus été propre à faire, pour le compte
des chouans, le métier de commissionnaire, comme tout
jeune homme en Vendée.

Relativement à l'accusé Sinan, il m'a été rapporté qu'il avait fait partie de la bande qui, dans une localité, avait désarmé le garde-champêtre. Je ne puis garantir l'authenticité de ce fait, mais je dois déclarer que Sinan, d'ailleurs, est un honnête homme ; il aime beaucoup la chasse, et il se livre à ce goût paisiblement.

M. le président : Le château de la Chapronnière ne passait-il pas pour être l'arsenal des chouans? — R. On le disait. — D. Les fermiers de M. de Civrac ne passaient-ils pas pour être dans les intérêts des chouans, et leur rendre service? — R. Il n'était pas toujours facile de se soustraire aux exigences des bandes. Les hommes qui les composaient demandaient l'hospitalité à la pointe du fusil, et, bon gré malgré, il fallait en passer par ce qu'ils voulaient. — D. Vous a-t-on dit que M. de Civrac eût parcouru à cheval les campagnes environnantes? — R. Je n'ai jamais eu connaissance de cela. — D. Que pouvez-vous dire sur le compte de Cathelineau? — R. Que c'était un homme très-remarquable. — D. Avez-vous entendu dire qu'un soulèvement devait avoir lieu le 28 mai? — R. Non, monsieur ; on avait indiqué le 4 juin. Ce soulèvement, au reste, paraît avoir été remis de jour en jour.

Le témoin ajoute qu'il est difficile de croire qu'un mouvement ait été médité et brusquement suspendu, sans que le préfet de l'arrondissement n'ait été informé de cette circonstance.

M⁰ Bouhier de l'Ecluse: On a beaucoup insisté sur cette rencontre que Sailles aurait faite d'un individu qui lui aurait recommandé de se tenir prêt, et qui ensuite lui aurait dit qu'un contre-ordre avait été donné. Cependant, il est certain que Sailles n'a vu cette personne qu'une fois. Ce double avis n'a donc pu lui être communiqué.

M. le président: C'est un fait que l'on peut éclaircir tout de suite. — D. Sailles, avez vous vu l'individu dont il est question? — R. Oui, monsieur. — D. Combien de fois ? — R. Une seule. — D. Et vous, Cailleau ? — R. Je ne l'ai vu aussi qu'une fois.

M. le président : Vous avez fait une déclaration contraire à celle-ci. Témoin, savez-vous si Moricet aurait fait partie de conciliabules tenus à la Chapronnière ? — R. Je l'ignore. On m'a dit cependant que des réunions avaient eu lieu chez lui. — D. Pensez-vous que ces réunions méritassent la qualification spéciale de réunions politiques ? — Non, monsieur. — D. Est-ce par des individus ayant fait partie de ces réunions que vous avez su qu'elles avaient eu lieu? — R. Non Monsieur.

M⁰ Gain, du barreau d'Angers : Il n'est personne dans l'auditoire qui n'ait été surpris, comme moi, de la prodigieuse quantité de renseignemens que le témoin vient de produire dans cette enceinte : M. Perrin n'est pas officier de police judiciaire, mais il est, à ce qu'il paraît, tout à la fois receveur des finances et accapareur des cancans du pays ; enfin M. Perrin, dans sa justice distributive, vient de faire la part de chacun des accusés ; et il a dit, notamment en parlant du jeune Lhuillier, mon client, qu'il n'était pas *un chef important, mais un commissionnaire, dont* on s'était servi comme de beaucoup d'autres ; je désirerais que le témoin voulut bien faire connaître quelle base peut avoir une pareille assertion. Le témoin : Je ne sais cela que comme ouï dire.

Le témoin Mazion est introduit : C'est le lieutenant de gendarmerie de Beaupréau qui a arrêté MM. de Civrac et Moricet.

M. le président l'invite à rendre compte de ce qu'il sait sur les événemens de la cause.

Le témoin : Dans la journée du 27 mai dernier, je fus instruit qu'un soulèvement devait avoir lieu dans les environs de la Chapronnière, par des renseignemens qui me furent communiqués. (Ces renseignemens sont de ceux

que la gendarmerie sait se procurer.) Je demandai un détachement du 29ᵉ de ligne : et je fus joint par 25 hommes
commandés par le lieutenant Regnier. Je me fais alors
conduire le plus promptement et le plus secrètement possible à la Chapronnière. Il était deux heures environ quand
nous arrivâmes. Je disposai mes hommes pour cerner le
château. Je fis monter les *habitans mâles*; et je demandai
le principal métayer. Le fermier Guinehut se présente et
je me fais accompagner par lui. Vous avez ici des
chouans? lui dis-je. — Non; non Monsieur, répond-il.
— Eh bien, nous allons faire l'inspection des lieux.
Guinehut m'accompagne. Je ne découvre rien dans les
premier et deuxième étages; j'aperçois un petit grenier :
j'entre dans une petite chambre qui en dépend et j'y vois
une petite table; je demande au fermier si ce sont les
marraines (les servantes du lieu) qui l'ont mise là. J'observe que la table est bien propre, quoique le grenier renferme du grain qui devrait la recouvrir de poussière. Me
doutant de quelque chose, je regarde à terre, et j'y
aperçois du tabac en poudre, répandu : j'en vois aussi
quelques grains sur la table. Je demande alors à Guinehut
une prise de tabac; il me répond qu'il ne prise pas. Je
ramasse alors le tabac; je le goûte et je dis au fermier :
Ce n'est pas là du tabac roturier. — Je n'en sais rien, me
répond Guinehut. (Hilarité générale.)

En cherchant le long de la muraille, j'aperçois un paquet
d'allumettes. Comment avez-vous ici des allumettes, dis-je
au fermier? — Je n'en sais rien. Je passe alors dans le
grenier voisin, où se trouvent des instrumens aratoires.

Je découvris dans un coin obscur de cette pièce un
espèce de bassin de grès contenant du liquide; je demandai à Guinehut ce que c'était : il me répondit que c'était
de l'eau. Non, lui dis-je, la couleur NE LE VEUT PAS, JE

TREMPAI MON DOIGT DANS LE BASSIN, et je sentis que
c'était tiède. . . . . . C'était de l'urine. . . (*Rire dans l'auditoire*). Guinehut me jura pourtant *sur son grand dieu*, que
c'était de l'eau.

Dans un autre grenier bas et obscur, j'aperçus une
grande quantité de joncs. Cela fixa mon attention : en cherchant, je vis des journaux, puis un livre de piété intitulé,
je crois, *abrégé de l'Histoire de l'Eglise*. Guinehut, interrogé,
me dit qu'il ne savait pas lire. — Ce livre appartient donc
à quelqu'un de la maison? — Non; personne ne monte ici
que moi. — En frappant le plancher, je sentis que ça for-
mait le creux. Il faisait noir : mais, sur le toucher, je
m'aperçus qu'il existait un petit trou : c'était une cache.
— Guinehut, interrogé, jura encore sur son grand dieu,
qu'il n'y avait point de cache. — J'appelai alors l'officier
Regnier qui commandait le détachement ; je lui fit part
de mes découvertes, et je lui dis de prendre des mesures
de prudence. — J'engageai ensuite Guinehut à nous dire
quelles étaient les personnes qui se trouvaient cachées, lui
protestant qu'il ne leur serait fait aucun mal. — Il n'y a,
me répétait-il, personne ici : c'est la cache de notre curé;
on a craint qu'il n'éclatât des troubles dans les contrées, et
l'on a pris des précautions. On parlait de soulèvemens
prochains, de troupes, et M. le curé, par précaution,
voulut cacher ses effets. — Il y a, repris-je, autre chose :
je sais que je dois être attaqué par une bande considérable
de chouans. — Ah! monsieur, dit Guinehut, il n'y a personne ici. . . . .

Au même instant j'entendis, pan pan pan. Je criai aux
soldats : ne tirez-plus! — Malheureux! s'écria Guinehut,
c'est Cathelineau et M. de Civrac que l'on a tués. . . .

J'avoue que les bras me tombèrent, quand j'entendis le
nom de M. de Civrac. — C'est faux, lui dis-je, ce sont

des chouans. — Non, c'est M. le marquis, reprit-il.

Bientôt je vis que le malheureux Cathelineau était tombé. Je me rendis à la trappe, et, *bravant le danger*, je fis sommation de se rendre : Personne ne me répondit.

Je dis à Guinehut : Vous savez les mesures que j'ai prises et que les factionnaires empêcheront que personne ne s'évade. S'il y a résistance, vous serez la première victime ; car je présenterai votre corps pour nous couvrir. Guinehut alors me déclara l'existence de trois trappes. Rentré dans la chambre où était sa femme, elle hésita quelque temps, puis elle me montra l'ouverture. Je sommai les individus qui pouvaient être cachés, de se rendre, en jurant qu'il ne leur serait fait aucun mal. On me répondit enfin : C'est moi, c'est M. de Civrac ; je me rends, s'écria-t-on. MM. de Civrac et Moricet sortirent alors.

Les soldats étaient mécontens et murmuraient. Ce sont, m'écriai-je, mes prisonniers, et il ne leur sera fait aucun mal. (Surprise générale.)

Je demandai à ces messieurs s'ils étaient là avec des armes ; ils me dirent que non. Je leur déclarai que j'allais faire une perquisition. Comme *j'entrais dans le caveau, Guinehut me dit qu'il y avait dans le coin de ce caveau, à gauche, quatre pistolets* appartenant à Cathelineau, et qui lui avaient été apportés la veille ou l'avant-veille, dans la nuit, par des individus qu'il ne connaissait pas ; qu'on les lui avait remis à lui-même (Guinehut), et qu'il les avait déposés dans le caveau. JE TROUVAI EN EFFET LES QUATRE PISTOLETS A L'ENDROIT INDIQUÉ. Deux de ces pistolets étaient chargés ; l'un de ces derniers était encore gras ; la lumière était couverte, ainsi que le canon, d'une petite poussière blanchâtre qui semblait indiquer que l'arme avait été récemment déchargée. Plus loin, je découvris des cartouches, un moule à balles , un mandrin pour faire des cartouches , un lingot de plomb , un sac de gros plomb , puis un sac de bons imprimés portant : *Service de l'armée royale de la rive gauche de la Loire , année* 1832.

Je demandai à ces messieurs s'ils avaient connaissance de ce qui était enfermé dans le caveau ; si les pistolets leur appartenaient. Ils me dirent que non. Je les fouillai ensuite, et je trouvai sur M. de Civrac, 3 ou 4,000 fr. en or et argent, et sur M. Moricet 400 fr. à peu près , en or , et sa montre que je lui laissai.

Au moment où un capitaine, venant de Jallais, et un autre, de Beaupréau et arrivèrent , nous avons trouvé dans un tas de chaume des paquets de poudre. Dans un tas de fagots, à gauche de la maison et appuyé contre une croisée de l'appartement de Guinehut, nous trouvâmes la cachette que le fermier nous déclara être celle de Buffard. Guinehut me dit que Cathelineau l'avait engagé à cacher Buffard et les siens. Etant remonté dans la première cache, j'enlevai le corps de Cathelineau : je remarquai qu'il avait reçu une balle dans le cou ; je ne trouvai aucun écrit sur lui. Dans ce moment, j'entendis crier aux armes ! je crus que le moment était arrivé ; je savais que Buffard était dans les environs, et je dis à M. Regnier : je vais m'en aller avec les prisonniers ; vous garderez les lieux. Je me dirigeai alors sur Beaupréau. En chemin, je rencontrai M. le commandant qui me dit qu'il avait été décidé par lui et le préfet de faire conduire ces messieurs à Cholet. Je lui dis que nous étions bien fatigués, que M. Moricet ne pouvait plus marcher ; et je le priai de me céder son cheval : il le fit, et M. de Civrac monta dessus. Arrivé à Cholet, je remis ces messieurs entre les mains du juge de paix, et je rentrai à la résidence : voilà tout ce que je sais sur l'affaire de la Chapronnière.

Un juré : Vous avez dit qu'avant que vous ne descen-
dissiez dans le caveau, Guinehut vous a dit qu'il y avait,
dans un coin, à gauche, quatre pistolets; donnez-nous là-
dessus des explications. — Le témoin : Je lui dis, je vais
m'en assurer, et je les trouvai dans l'endroit qu'il m'avait
indiqué. — Le président : Comment étaient-ils placés? —
R. *Les uns à côté des autres; les batteries en-dessus, symétriquement rangés, comme par quelqu'un qui a pu
prendre son temps.* (Cette partie de la déposition fait une
vive sensation : elle détruit toute idée de moyens de défense de la part de Cathelineau.) — D. Puisque c'est vous
qui avez fait l'enlèvement du corps, avez-vous bien examiné les lieux? — R. Je n'ai pas eu pour cela beaucoup
de temps. — Le juré : Avez-vous trouvé près du corps un
pistolet? — R. *Non, rien.* (Sensation prolongée dans
l'auditoire.)

D. Avez-vous fait remarquer à MM. de Civrac et Moricet
les empreintes dont vous nous avez parlé? — R. Oui,
monsieur. Je ne sais si c'est M. de Civrac ou M. Moricet
qui m'a dit alors qu'on avait coutume de se rallier par un
coup de pistolet. — D. Dans quel état se trouvaient les
batteries des pistolets? — R. *Toutes les batteries étaient
au repos.* (*Profonde sensation.*) *Le chien de l'arme était
au repos, et le couvre-feu était rabattu sur le bassinet.*

M. le président : Ainsi les pistolets ne vous ont point
semblé dans la situation d'armes récemment déchargées?—
R. Non.

Me Janvier : Quelles sont ces taches blanchâtres que vous
avez remarquées sur le canon du pistolet? — R. Elles sont
produites par l'effet de la poudre.

M. le président, à M. de Civrac : Reconnaissez-vous la
vérité dans ce que vient de déclarer le témoin Mazion? —

R. Je ne reconnais rien de vrai dans ce qui vient d'être dit ; je n'y vois qu'un roman. Et d'abord, il est dans l'erreur, quand il dit m'avoir fouillé à la Chapronnière ; je n'ai été fouillé qu'à Cholet. Le lieutenant Mazion ne m'a pas non plus fait examiner l'empreinte existant sur le pistolet. M. Mazion passa devant nous avec un panier sur lequel étaient les pistolets, mais il ne nous les présenta pas.

M. le président, à M. Moricet : Et vous, accusé Moricet, avez-vous quelque chose à dire sur la déposition du témoin Mazion ? — R. Ce que vient de dire M. le marquis de Civrac est de la plus grande exactitude.

M. le président, au témoin : Lieutenant Mazion, vous avez entendu les contradictions des accusés de Civrac et Moricet, qu'avez-vous à répondre ? — Le temoin repète avec insistance les faits qu'il a déjà déclarés. Il affirme de nouveau avoir montré les pistolets aux accusés.

M. le président au témoin : Vous a-t-on dit que M. Cathelineau ait tiré ? — R. Les soldats ont dit : *Ils ont fait feu sur nous en ouvrant la trappe, et nous avons tiré.* Je ne puis croire que M. Regnier ait ouvert lui-même la trappe. — D. N'a-t-on pas essayé d'ouvrir la trappe avec un instrument aratoire ? — R. Ce n'est qu'après que la trappe fut retombée. — Le soldat Maillot et Regnier ont dit qu'ils n'avaient tiré qu'après Cathelineau. — D. Combien avez-vous entendu de coups de feu ? — R. Trois coups, tirés presque simultanément ; je crois que le premier a été séparé quelque peu des autres. — D. Avez-vous pensé que le premier coup de feu ait été tiré avec le pistolet trouvé dans le caveau ? — R. Je ne l'ai pensé qu'après avoir trouvé le pistolet. — M. le président : Et cependant vous avez pu remarquer des circonstances qui prouveraient que le coup de feu n'aurait pas été tiré par Cathelineau, avec le

pistolet dont il s'agit : il n'était point taché de sang ; les
accusés de Civrac et Moricet auraient emporté cette arme
sans utilité ; et le hasard eût voulu qu'ils l'eussent déposé
symétriquement avec les trois autres. — Le témoin : je n'ai
prétendu déclarer que des faits ; *il n'était point taché de
sang.* (Mouvement très-prononcé.)

M. le président : M. de Civrac, expliquez-vous sur l'ensemble de cette déposition que vous appelez *un roman*? —
R. Je suis étonné que M. Mazion, qui détaille si bien , ne se
soit pas autant expliqué dans sa première déclaration. Quant
à moi , je certifie de nouveau que M. le lieutenant ne m'a
pas présenté de pistolet à examiner. Je ne lui ai adressé
aucune question, et il ne m'en a fait aucune; il ne m'a pas
fouillé.

M. Moricet déclare en outre, relativement à plusieurs
assertions du témoin Mazion, *que plusieurs fois Guinehut
lui a offert du tabac ; que Guinehut sait lire..* Quant aux
sommations dans la première cache, continue M. Moricet,
pas une ne nous a été faite; nous entendions très-bien tout
ce qui se faisait au-dessus de nous ; nous nous disions que
nous allions être pris ; et si les sommations dont on parle
nous eussent été faites, nous nous fussions rendus sur-le-
champ. Notre *ménage* , pour m'exprimer ainsi, montre
assez que nous n'avions aucune intention de défense.
Nous entendîmes Guinehut qui disait que la cache renfermait *le butin du curé :* le mot est consigné. C'est alors
qu'eut lieu la catastrophe sanglante. M. Mazion ne
nous a pas fait examiner les armes. Le témoin ne nous
a pas fouillés. Bien au contraire , il a dit : *J'ai confiance
en vous, je ne vous fouillerai pas.* Ce ne fut qu'un quart-
d'heure après le propos qu'il descendit dans le caveau.
En revenant , M. Mazion dit : *Cathelineau a tiré , voilà
les armes..* Il nous dit cela sans nous montrer l'empreinte
dont il parle.

Le témoin : Dans de telles circonstances, j'ai pu m'exprimer avec vitesse en présentant les pistolets ; mais *c'est dans le caveau que j'ai fait la vérification des pistolets, et non devant M. de Civrac.*

Me Janvier : Je ne suis point connaisseur en matière de chasse, mais quelqu'un m'assure à l'instant que cette poussière blanchâtre, dont parle le témoin, se manifeste long-temps après l'explosion.

M. de Civrac ayant invoqué la déclaration faite par M. Mazion le lendemain de l'événement, M. le président en donne lecture. Il en résulte que les sommations dont a parlé le témoin n'ont été faites qu'après les coups de feu. Après quelques explications sur ce point, le lieutenant Mazion déclare s'en rapporter entièrement à ce qu'il a dit dans sa première déclaration devant M. le juge de paix de Cholet, parce que alors les faits étaient plus fraîchement gravés dans sa mémoire.

M. de Civrac : Il n'est pas question dans cette déclaration de la présentation des pistolets. — M. le président : Ce point est suffisamment établi et ne ferait que prolonger inutilement les débats : mais en effet, il n'en est pas question.

Me Desportes : Ne serait-ce pas le moment de prier l'officier de gendarmerie de revenir sur ce qui s'est passé entre Guinehut et lui, dans le grenier?

M. le président : Il faudrait dans ce cas revenir sur des explications qui ne manqueraient pas de causer du scandale, et je dois empêcher maintenant qu'elles n'aient lieu.

Me Desportes : Mais la conduite du lieutenant a trait à un fait essentiel.

M. le Président : Encore une fois, mon devoir ici est d'éviter tout ce qui pourrait causer du scandale.

Me Desportes : Je voudrais que M. le lieutenant Mazion dît s'il n'a pas menacé Guinehut de le faire fusiller.

M. le lieutenant Mazion : On l'a attaché, voilà tout, et...

M. le Président : Assez ! allez vous asseoir, témoin, et ayez égard à ce que votre maréchal-des-logis vous dira de notre part.

M. le Président donne lecture de l'interrogatoire du lieutenant Regnier, qui ne s'est pas rendu à l'audience. Une partie de cette déposition, relative aux nouvelles reçues par l'autorité sur les projets insurrectionnels, se rapporte à celui du lieutenant Mazion.

Cette déposition est terminée par ces mots, qui produisent un mouvement d'incrédulité dans l'assemblée.

«Cathelineau, dès que la trappe fut découverte, monta le pistolet au poing, et fit feu le premier sur les soldats ; ceux-ci ripostèrent et il tomba mortellement atteint.»

M. le président : Il est inutile sans doute de faire remarquer les différences de cette disposition avec les autres, faites sur cette grave circonstance du procès, et qui établissent que Cathelineau reçut des coups de feu qu'il n'avait pas provoqués.

Le témoin Bardou fait une déposition sur les événemens dont le grenier de Guinehut a été le théâtre. Interrogé sur la quantité de coups de feu qu'il a entendu, il répond : Deux.

M. L'avocat-général : Dans une précédente déclaration vous avez dit trois. Avant l'arrestation du 27, vous avait-il été dit qu'il y avait des munitions à la Chapronnière ? — R. Non.

Monsieur l'avocat-général : C'est par trop fort ! voilà ce que vous disiez dans un précédent interrogatoire : J'ai été informé par mes enfans que des balles et de la poudre avaient été portées à la Chapronnière.

Me Desportes : Le témoin ne jouissait peut-être pas d'une parfaite tranquillité lors de cette déposition. Le témoin : Oh! non certes. M. l'avocat-général : Avant l'arrestation de M. de Civrac, des allées et venues n'eurent-elles pas lieu à la Chapronnière? — Non, Monsieur.

M. l'avocat-général : Encore une fois, c'est par trop fort, vous avez dit le contraire.

Mᵉ Janvier : Il faut remarquer que ces interrogatoires précédens ont été faits par M. le juge de paix de Cholet, et que la prévention éclate dans sa rédaction. Je suis sûr de ne pas être démenti par M. le président, si je dis que ce magistrat, dont je ne suspecte pas d'ailleurs la conscience, a mis une ardeur, un esprit d'argotage constant, dans l'exercice de ses fonctions à l'égard des accusés.

Le témoin Gasse, gendarme, est introduit :

Le 27 mai, dit-il, j'arrivai à la Chapronnière, avec ceux de mes camarades qui avaient été commandés. Je vis des factionnaires placés autour de l'habitation; l'un de ces hommes me dit : *Il y a un là-haut qui dort; cela voulait dire un de tué.* J'ai ensuite vu une trappe ouverte, on voulait qu'un militaire y descendît, et, pour cela, on parlait d'envoyer chercher un voltigeur, je dis alors ; Mais je suis un militaire aussi, moi, et je descendis, et j'y ai trouvé quatre pistolets.

Le témoin raconte que dans une des autres localités de la maison, il a vu de la paille, et que Guinehut lui a dit : Buffard a couché là six semaines. Interrogé sur les pistolets, et sur leur état quand il les a trouvés, il dit que l'une de ces armes portait les traces d'une détonnation récente.

M. le président : Il y avait du vin dans le caveau, en avez-vous goûté ? — R. Oui, Monsieur, *c'était doux comme du miel.*

M. le président, à Guinehut : Comment, Guinehut, avez vous d'aussi bon vin chez vous ?

L'accusé Brouard : J'avais envoyé moi-même dix bouteilles de vin à M. de Civrac.

M. le président, au témoin: vous êtes descendu le pre-

mier dans la cave? — R. Oui, Monsieur. -- D. Comment
ces pistolets étaient-ils rangés ? — R. Bien en ordre. —
D. Comme aurait pu faire quelqu'un qui aurait eu son
temps pour cela? — R. Oui, Monsieur. — D. Dans quel
état était le pistolet sur lequel vous avez, dites-vous, remarqué les traces de poudre brûlée? — R. Il avait le chien
rabattu sur le pistolet comme il vient de faire feu. Me Janvier : Bien vrai? — Gasse : Oui. — Me Janvier: Ainsi le
bassinet était ouvert. — R. Oui Monsieur.

M. le président : Faites venir M. le lieutenant Mazion,
dont la déposition est contraire à celle-ci.

M. le président : Lieutenant Mazion, des mains de
Gasse, les pistolets ont passé dans les vôtres ?

Le lieutenant Mazion : Je suis descendu dans le caveau
en même temps que Gasse, j'ai pris les pistolets, je les
ai examinés.

Gasse : Mais j'ai pris les pistolets d'abord sans les regarder ; je ne les ai bien vus que lorsque j'ai été dehors du
caveau, mais déjà bien du monde les avait touchés.

Le lieutenant Mazion : Moi, j'ai examiné les pistolets
tout d'abord, au moment même où on les trouvait, ils
n'étaient pas dans l'état qu'à indiqué Gasse. Dailleurs,
voulant m'assurer s'ils étaient chargés, j'ai fait jouer la
détente, et chassé moi-même le chien dans le bassinet.

M. Cœur, capitaine au 57e de ligne, est introduit.

Le témoin entre dans une foule de minutieux détails sur
les dispositions militaires qu'il avait prises pour assurer l'arrestation de plusieurs chouans qu'il savait être dans les environs
de Jallais. Ils ne contiennent aucun fait qui puisse servir
soit à l'accusation, soit à la défense ; arrivé à l'arrestation des
trois accusés, il continue ainsi :

Sailles, sur qui j'avais trouvé une médaille de Henri V,
me dit qu'il était déserteur du huitième dragons. Cette décla-

ration me surprit d'autant plus, qu'un papier dont il était
porteur, attestait qu'il avait été réformé après avoir apporté
lors du tirage pour le recrutement, le numéro 29. Un de
ses amis, me dit-il, lui avait fait obtenir ce papier. Un autre
de ses amis qu'il appelait Saute-Dessus, l'avait enrôlé dans
les chouans. Sailles avait encore sur lui un livret qu'il me
dit être le sien. Je le parcourus, et voyant qu'il y était sti-
pulé la livraison de guêtres noires et blanches, je lui dis
qu'il me mentait effrontément, puisqu'il prétendait sortir
d'un régiment de dragons, corps dans lequel on ne porte pas
de guêtres.

Cette circonstance du livret, me donnait, je dois le dire,
quelque ombrage : un soldat du 42ᵉ avait été tué, et j'avais
peut-être quelques raisons de supposer que ce livret, trouvé
sur Sailles, était le sien. J'ai su depuis que Sailles, renommé
pour sa cruauté, était un objet de terreur dans le pays.

M. le président : Connaissez-vous des faits à l'appui de
ce que vous dites de la cruauté de l'accusé. — R. Non,
monsieur; je sais seulement qu'il a menacé une femme.

Le témoin déclare que Sailles lui a dit que Cathelineau
lui avait remis la médaille d'Henri V; qu'il l'avait encou-
ragé à persister.

L'accusé Sailles : C'est faux, je ne vous ai dit cela
que parce que je voulais faire cesser les coups dont vous
me faisiez accabler. M. le président, j'étais bien obligé
de répondre oui, aux questions qu'il me faisait, puisque
chaque fois que je ne répondais pas comme il voulait, il
me faisait donner trois coups de bâton.

Le témoin dit que les mensonges de Sailles le forçaient
à prendre ce moyen. (Étonnement général.)

M. le président : Avez-vous vérifié si le livret dont
Sailles était porteur, appartenait au soldat qui avait été
tué? — R. Je n'en ai pas eu la preuve.

Le capitaine Cœur dit ne rien savoir sur Cailleau, qui lui aurait fait les mêmes déclarations que Sailles, si ce n'est qu'on l'accusait d'avoir arboré un drapeau blanc. Il ne sait rien sur Pineau.

Le capitaine Cœur, dont la déposition calme et intelligente n'a que le défaut d'être d'une longueur extrême, et de donner les explications les plus minutieuses et les plus inutiles, finit en établisant, qu'il y a une grande différence à faire entre les bandes qui parcourent le pays, et les habitans qui ont pris les armes pour Henri V.

Me. de L'écluse: Je constate que M. le capitaine a dit qu'il avait fait battre Sailles, pour lui faire avouer ses mensonges.

Le témoin : Vous avez bien entendu, monsieur.

M. le président cherche à excuser le capitaine Cœur, en rappelant que l'on était vraiment en guerre avec les chouans, et que dans un mouvement de colère, on comprend qu'il se soit oublié ainsi qu'il l'a fait.

Me. Gain : Si j'ai bien compris la déclaration du témoin, il me semble que le capitaine Cœur vient de dire, qu'au moment de l'arrestation des accusés Cailleau et Sailles, il les a fait garotter, et qu'il s'est livré aux mauvais traitemens les plus excessifs envers ses prisonniers, que le *lendemain*, alors que cet officier les interrogeait dans sa chambre, il y avait avec lui un brigadier de gendarmerie, qui les a frappés à plusieurs reprises, en sa présence, et sans opposition de sa part; je désire donc, qu'en réponse aux observations justificatives d'une pareille conduite, que M. le président vient de faire entendre à l'instant même, il demeure constaté aux débats, que le capitaine Cœur remplissait alors les fonctions d'officier de police judiciaire, puisqu'il a redigé un procès-verbal d'interrogatoire, et que cette pièce est opposée sans cesse comme une arme accablante contre les accusés. L'audience est levée.

Audience du 30. — La séance est ouverte à dix heures.
L'audition des témoins est continuée.

Les témoins Liébaut et Hervey père sont entendus. Leurs
dépositions portent sur l'accusé Sailles, dont ils peignent le
caractère audacieux, (et s'il faut s'en rapporter à leurs déposi-
sitions) presque féroce. Sailles réfute leurs assertions avec
beaucoup d'intelligence et des mots quelquefois pleins de
couleur.

Des débats, il ressort qu'Hervey père servait de guide aux
troupes, et cherchait par tous les moyens possibles, à faire
arrêter les gens qui se cachaient, métier que l'on qualifiera
comme l'on voudra ; M. le président approuve ses efforts.
Le témoin provoque le sourire de l'assemblée en se procla-
mant libéral !

Le fils Hervey et Marie Goubaud sont entendus. Il résulte
de leur déclaration que Sailles, poussé par un sentiment de
haine contre Hervey fils, s'était présenté au village de la
Jubaudière pour tuer ce jeune homme. Sailles explique seulement qu'il voulait reprocher à Hervey son métier d'espion.
Il serait venu chez Liébaut et aurait menacé sa servante. Un
débat s'élève entre cette fille et Sailles.

Toute cette discussion s'éloigne peu à peu du grand intérêt
politique que l'on s'efforçait de trouver dans la présence de
M. le marquis de Civrac, de M. Moricet, de Guinehut et du
curé Brouard, sur le banc des accusés. Il paraît évident qu'entre
ces quatre messieurs et les cinq autres accusés aucun rapport
n'existe de position.

Premier témoin à décharge : Le maire de Beaupréau,
docteur en médecine, M. Brouillet.

M. le président : Etait-il de notoriété dans le pays que
M. de Civrac fut sous le coup d'un mandat? — R. Oui,
Monsieur, c'était un bruit général. — D. Veuillez nous
donner quelques détails sur MM. de Civrac et Moricet,

non pas sur leurs opinions politiques, dont d'ailleurs ils ne font aucun mystère, mais seulement en ce qui pourrait avoir trait à cette question d'un soulèvement médité par eux. — R. Il est certain que ces messieurs n'eurent jamais part à un projet de soulèvement. — D. M. Moricet avait-il chez lui des réunions fréquentes? — R. Il en avait beaucoup avant juillet et beaucoup moins depuis cette époque. (Sensation.) — D. Mais dans le mois de mai n'eût-il pas une réunion dont il a été parlé beaucoup? — R. J'ai pris des informations à cet égard ; elles ne m'ont rien appris à la charge de l'accusé. Il y avait dans les environs de la maison de M. Moricet des sous-officiers d'une opinion très-exaltée ; eux-mêmes sont convenus qu'ils n'avaient rien vu. — D. A quelle époque disait-on que devait avoir lieu le soulèvement? — R. Je n'ai su que le 23, que le lendemain, soi-disant, devait éclater cette insurrection. — D. Mais n'a-t-on pas assigné une prise d'armes pour le 28 ? — Non, on parlait d'une époque plus éloignée, le 4 juin. — D. Que savez-vous relativement à la Chapronnière ; et sur le fait que le château était un arsenal des chouans? — R. Il n'a jamais été question de cela, que je sache. — D. Dans l'inspection que vous avez faite sur les lieux, quelque chose a-t-il pu vous faire croire que Cathelineau ait tiré ? — R. Cathelineau, s'il a tiré, n'a pu le faire que de la main gauche, et malgré cela ne pouvait manquer de tuer un homme. En supposant que son coup n'eût pas atteint un des militaires, cependant la balle devait aller se loger dans un des soliveaux de la toiture, qui sont extrêmement rapprochés. J'ai visité, je puis le dire, avec la plus minutieuse attention, les soliveaux et les ardoises, et je n'ai remarqué aucune espèce de trou de balle. — Un juré : Mais la Chapronnière était cité comme servant de magasin aux munitions des chouans ? — D. Ce n'est que depuis les événemens du 28, que ce bruit s'est répandu. — M. le président : Pourriez-vous nous donner quelques détails sur Sinan ?

— R. C'est un homme d'un caractère aventureux , mais du reste honorable ; il aime la chasse , la pêche; il est un peu braconnier, mais il est estimé dans le pays , et considéré comme un brave homme (*).

M. le présidnet : Avez-vous quelque détail à donner à la Cour sur le compte du jeune Lhuillier ? — R. Il est d'un caractère un peu sauvage; mais on aurait tort de le considérer comme dangereux. D'ailleurs il est atteint d'une sur-

(*) Une partie de l'interrogatoire de Sinan présente des faits qui ont été passés par faute d'impression.

D. Quand avez-vous été arrêté ? — Sinan : le 8 décembre 1832, je dînais avec le nommé Barbot , à la métairie de Launay-Boumier , commune de St.-Martin, près Baupréau. On nous avertit qu'un détachement de troupes de ligne s'approchait de la ferme, nous sortîmes aussitôt, Barbot et moi , dans la crainte d'être arrêtés. Nous étions sans armes l'un et l'autre ; nous nous enfuyons à travers une prairie , lorsque nous entendîmes qu'on faisait feu sur nous. Nous courûmes plus fort , et à une centaine de pas du point de départ, nous nous trouvâmes en face d'autres soldats qui nous couchaient aussi en joue ; à l'instant, Barbot, frappé d'une balle, tomba mort à mes côtés. On continuait à tirer sur moi, et comme je voyais que les soldats semblaient peu habiles *à la chasse* j'allais et venais en me balançant pour éviter d'être ajusté et atteint. Je faisais signe en même temps que je me rendais , en criant qu'on ne me tuât pas , parce que j'avais d'importantes révélations à faire. Des soldats vinrent alors et me saisirent au collet en me poussant de l'un à l'autre et me menaçant de me percer de leurs baïonnettes; d'autres plus humains, empêchèrent qu'il ne me fût fait de mal. Je fis alors déclaration des premières choses qui me vinrent à l'idée. Je dis qu'il y avait des dépôts d'armes en Bretagne, et le tout pour tâcher de conserver ma vie. Bientôt une charette qu'on avait été chercher à une métairie voisine, arriva; on y plaça le corps de Barbot , et on m'y fit monter à côté. Pendant toute la route , *je soutins le corps de mon camarade,* pour empêcher qu'il ne roulât par terre. J'arrivai ainsi à Beaupréau, où je fus mis en prison. (Cette narration produit une bien pénible impression.)

dité, qui le rendait impropre à remplir le rôle qu'on lui attribue. — D. Savez-vous s'il a été question qu'il fût commissionnaire des chouans? — R. J'ai su ce qui a été dit à l'égard d'un rendez-vous, qu'il aurait donné dans les landes à Sailles et Cailleau ; mais il faut remarquer que le jour même du rendez-vous je l'ai vu sortir de la messe à 11 heures. Mᵉ. Gain : Je ferai observer que c'est précisément à cette heure, que l'on place mon client dans la lande de la Jubaudière, qui est à deux immenses lieues de pays, de Beaupréau. — D. Que pouvez-vous nous dire de Guinehut? — R. Guinehut est un bon père de famille, un homme laborieux, tout occupé de ses travaux d'agriculture, un brave et digne homme. (Cette déposition du maire de Beaupréau, faite avec fermeté et conviction, produit sur l'auditoire, l'impression que l'on doit en attendre.)

2ᵉ témoin à décharge : M. *Crucy Duvau*, propriétaire à Beaupréau.

— D. Vous avez été quelquefois à la Chapronnière? — R. Une seule fois, pour voir s'il existait des traces de la balle qu'on disait avoir été tirée par Cathelineau : nous n'en découvrîmes aucune, malgré les recherches les plus minutieuses ; et il m'a été démontré qu'il était impossible de tirer de la trappe, tant l'entrée en était étroite. — D. Mais n'a-t-on pas pu tirer en sortant à mi-corps? — R. Cela était de toute impossibilité, car il fallait l'usage des deux bras, l'un pour se tenir à l'échelle, l'autre pour lever la trappe qui est très lourde : elle pèse bien 50 livres.

M. Moricet : la trappe avait besoin d'être retenue ; car elle est placée presque perpendiculairement. — M. le président : L'explication nous semble très juste. — Au témoin : Avez-vous eu connaissance qu'un mandat d'arrêt ait été décerné contre MM. de Civrac et Moricet? — R. Oui, monsieur, c'était de notoriété publique.

6

Un juré : Le témoin a-t-il jeté un coup d'œil sur la construction de la trappe, et peut-il dire comment elle était ferrée ? — R. Elle avait été détériorée, elle m'a paru être à charnières. — L'accusé Brouard interpellé, répond qu'elle était fixée sur deux gonds. — M. le président : Ainsi, d'après ce fait, la trappe n'aurait pas de contrepoids, et M. Cathelineau aurait eu à supporter tout ce poids. — Le même juré : Mais comment se trouvait-il alors de la terre glaise sur la trappe ? — M. le président : C'est qu'il y avait probablement des rainures. — M. Moricet : Sans doute, et c'est ce qui l'a fait découvrir.

Le témoin se retire.

M. le président à l'accusé Brouard : C'est M. votre père qui a fait ces deux trappes ? — R. Je sais qu'il en a fait deux : celle du grenier et celle du premier étage. — M. le président ayant interrogé Guinchut sur l'usage de son caveau, l'accusé répond que les accusés ne connaissaient pas ce caveau. — D. Mais pourquoi donc ce caveau ? Était-ce pour servir d'arsenal à la chouannerie ? Ces armes, ces munitions ne seraient-elles pas une preuve que vous aviez le secret de la chouannerie ? — Je l'avais fait construire pour y mettre mes provisions.

M. Moricet : Il est impossible de faire de ce caveau, un lieu de refuge ; le caveau est trop froid et trop humide. — M. le président : Je ne dis point qu'il dût servir de refuge : je dis seulement qu'à votre insu, peut-être, il semblerait avoir une destination spéciale : cette preuve résulterait des munitions qu'on y a découvertes.

M. le président, à Guinchut : quand avez-vous fait construire ce caveau ? — R. Cinq mois avant les caches. — D. Et quel but vous proposiez-vous par la construction de ces trappes ? — R. On disait qu'il y aurait des troubles, et qu'on allait peut-être persécuter la religion. M. le présisident: vous savez pourtant bien que l'on n'a en rien manqué au respect dû aux prêtres. (*Murmures ironiques dans l'auditoire*).

M. le président à l'auditoire: Silence! gendarmes, veuillez arrêter ceux qui troubleront l'audience, en manifestant leur opinion sur mes paroles, ils seront amenés *aux pieds* de la Cour, pour qu'il en soit fait immédiatement justice.

M. le président, à Guinehut: Si votre caveau était destiné à renfermer vos provisions, pourquoi les trappes étaient-elles carrelées? — R. C'était pour les dérober aux yeux, dans la crainte du pillage.

Mᵉ. Des Portes demande si c'est l'accusé seul qui a fait cette trappe? — R. Je l'ai faite avec l'aide du père de M. Brouard.

Guinehut persiste à dire qu'il avait construit ces caches dans la crainte du pillage.

Un autre témoin à décharge est introduit. Il affirme avoir entendu dire aux soldats mêmes qui faisaient partie de l'expédition à la Chapronnière, que Cathelineau n'avait pas fait feu. Le rapport de ce témoin établit que le fermier Guinehut était menacé de mort par quelques-uns des militaires; ce fut alors que Cathelineau, effrayé du sort qui attendait ce fidèle métayer, sortit généreusement de sa cache, et dit d'une voix forte: Nous nous rendons, nous sommes sans armes; malgré cette déclaration, qui devait faire tomber les armes des mains, des coup de feu retentirent, et Cathelineau tomba frappé à mort. (Sensation).

4ᵉ. Témoin à décharge.

M. Gourdon, curé de la Chapelle-du-Genet: J'ai su positivement, ou du moins il m'a été affirmé qu'un mandat d'arrêt avait été lancé contre M. de Civrac.

Je crois que je pourrais garantir que ces mesures rigoureuses furent prises; j'en fus averti, et c'est moi-même qui donnai cet avis que je venais de recevoir d'une personne bien sûre, qui habite Nantes. La crainte qui s'empara de M. de Civrac, et qui le détermina à chercher un asile à la Chapronnière, me paraît donc toute naturelle. Le pays, d'ailleurs retentissait encore du bruit des dangers que M. Dudoré avait couru à Nantes, lors de sa translation dans cette ville. Un individu, se croyant sous le coup d'un mandat, avait de légitimes raisons pour craindre, connaissant les excès horribles auxquels on s'était porté à Nantes contre M. Dudoré. J'ai été à la Chapronnière avec M. le maire de Beaupréau, M. Crucy et une autre personne. Nous voulions vérifier les faits. Malgré les recherches les plus minutieuses nous n'avons pu découvrir la trace de la balle, et nous avons été convaincus qu'il était impossible que M. Cathelineau eût tiré.

A l'égard du lieutenant Regnier, il était notoire à la Rochelle que, malgré certaines attestations, il était en parfaite santé. Lors que l'on sut dans cette ville que les assises appelées à juger cette affaire allaient s'ouvrir, on disait publiquement :

« Les assises vont s'ouvrir; M. le lieutenant Regnier va encore faire le malade. »

5ᵉ Témoin à décharge. Houyau, a entendu dire à des militaires qui revenaient de l'expédition de la Chapronnière, et qui buvaient chez lui, que Cathelineau n'avait ni armes ni poudre, et qu'il n'a pas tiré.

M. le président après cette déposition, juge à propos d'avertir MM. les jurés que le témoin n'a fait que rendre compte des impressions que les soldats avaient rapportées de leur expédition.

6ᵉ Témoin à décharge. Marie. D. Avez-vous vu chez vous des militaires du 42ᵉ de ligne, revenant de la Chapronnière? — R. J'ai reçu chez moi trois voltigeurs. Ils m'ont dit que M. Cathelineau s'écria en sortant de la trappe : *Je me rends !* et que l'officier Regnier avait immédiatement tiré dessus. (Mouvement d'indignation dans l'auditoire.) M. le président fait la même réflexion que pour le témoin précédent , en ajoutant que l'impression des soldats paraît leur être commune à tous.

7e Témoin. René Caprin. Comme les précédens , le témoin dépose que des militaires , en buvant chez lui , ont dit que M. Cathelineau avait crié *qu'il se rendait* , et que l'officier, de suite avait tiré dessus et l'avait tué. Beaucoup de soldats dirent que M. *Regnier était un assassin.*

8e témoin à décharge : Couteau , a aussi entendu dire aux soldats que Cathelineau n'avait pas tiré en sortant de la trappe. Ils ont ajouté que *leurs officiers les ont invités à déclarer qu'il avait tiré sur eux, parce qu'autrement, la mort de Cathelineau serait une tache pour le régiment.*

(Ces dernières dépositions, écoutées avec le plus grand intérêt, ont produit sur l'esprit de l'auditoire une vive impression, en jetant une grande lumière sur un des points les plus importans du procès.)

On emporte dans ce moment les preuves énormes de l'immense conspiration. Elles sont contenues dans une caisse de 4 pieds de long environ, vingt pouces de largeur et dix de hauteur. L'arsenal des chouans consistait en deux paires de pistolets et quelques livres de poudre ; la caisse est pleine de plomb, de vieux registres, de vêtemens et de divers paquets fort innocens. *La dépouille du malheureux Cathelineau couverte de son sang, est la preuve la plus accusatrice!!!!*

La liste des témoins, tant à charge qu'à décharge, étant épuisée, M. l'avocat-général a la parole.

Le ministère public entre sans préambule dans la discussion des faits de l'accusation ; il expose tous les détails rapportés dans les débats, de l'expédition de la Chapronnière ;

il reprend toutes les explications données sur les disposi-
sitions, tant des trappes que des localités du château, et en
fait ressortir les intentions conspiratrices de ceux qu'on y a
rencontrés et du propriétaire des lieux. L'organe du ministère public annonce qu'il ne S'OCCUPERA PAS DE LA MORT DE
CATHELINEAU, mais des découvertes qui l'ont suivi ; il insiste
sur *les bons imprimés* trouvés, dans le caveau, dont il fait
résulter la preuve d'une longue préméditation.

M. l'avocat-général passe ensuite à l'examen des moyens
invoqués par M. de Civrac, des bruits qui couraient dans le
pays, qu'un mandat d'arrêt avait été décerné contre lui. Il
avoue qu'il peut exister là-dedans des probabilités, quoique
des renseignemens officiels annoncent que jamais mandat
d'arrêt n'a été décerné, soit contre M. de Civrac, soit
contre M. Moricet ; des bruits pourtant, venus de sources
inexactes, ont pu jeter de l'inquiétude dans l'esprit de ces
messieurs. Ce qui paraît, selon l'accusation, détruire le système de défense, c'est le choix, pour asile, d'un endroit
sur lequel planaient les soupçons les plus graves de la
part de l'autorité, et, en outre, le lieu qui servait de retraite
à Cathelineau, à Buffart et les siens, ainsi qu'il résulte des
propres déclarations de l'accusé Guinehut. Les propos prê-
tés à M. de Civrac sont aussi des moyens employés ici par
l'organe de l'accusation.

Les déclarations de Sailles au capitaine Cœur, celles
de Sailles, Pineau et Cailleau, devant le capitaine-
rapporteur, font jaillir, suivant M. l'avocat-général, la
preuve de la coopération de Cathelineau à un projet d'insurrection *avant, pendant et après l'événement ;* car, sur
ce dernier point, ce ne serait que la catastrophe de sa
mort et de la fouille opérée à la Chapronnière, qui
aurait été le motif du contre-ordre donné à la levée
de boucliers projetée : et les déclarations du témoin

Barbot viennent encore confirmer cette preuve articulée
par l'accusation.

Après avoir énuméré les faits qui lui semblent donner
quelque fondement à l'accusation portée contre MM. de
Civrac et Moricet, M. l'avocat-général expose, avec
impartialité, les indices favorables pour ces accusés,
recueillis dans les déclarations du maire, du receveur
de Beaupréau et de M. Mazion. — Ces témoins,
et surtout M. le maire de Beaupréau, ont détruit l'impression qu'aurait produite l'acte d'accusation, en représentant M. Moricet comme un homme extrêmement
actif, recevant chez lui de nombreux agens du pouvoir
déchu; car ces témoins ont rapporté que, depuis 1830,
M. Moricet n'avait plus eu que des visites rares, et ne recevait que peu de personnes à son domicile.

M. l'avocat-général rapporte ensuite, comme étant à
la charge de M. Moricet, le fait d'un passe-port pris par
ce dernier pour Paris, en date du 7 mai, dans un moment où le choléra exerçait ses ravages dans cette ville.

De tous ces faits, résulte pour l'organe du ministère
public la preuve d'un projet bien arrêté de la part des
accusés dont il vient d'être question. — M. l'avocat-général poursuivant les développemens de l'accusation,
continue :

A l'égard de Guinchut, notre tâche est bien abrégée.
Il est difficile d'ailleurs qu'il résiste aux charges dirigées
contre lui. Il est notoire que sa maison était un rendez-
vous de chouans. Là, de l'argent, des vêtemens, et, selon
son expression, il y avait compte ouvert entre lui et
Cathelineau.

Que dire de ce bâtiment converti en un véritable
arsenal, de cette quantité considérable de poudre ?

Ici, une circonstance doit être relevée : je veux parler

du mode établi entre Guinehut et Cathelineau pour que personne, excepté les chouans, ne pût être mis au fait de leurs relations.

Des papiers façonnés d'une certaine manière avaient été taillés, espèce de passe-ports que les affidés de Cathelineau employaient pour se faire connaître de son correspondant.

En ce qui concerne Guinehut, nous devons reconnaître à ses aveux, aveux que j'emprunte à la procédure, et qui attestent ses rapports journaliers avec Cathelineau, qu'il était initié aux plans d'insurrection arrêtés, rappelez-vous ces mots de Guinehut : J'ai eu la faiblesse de me laisser gagner.

Un autre aveu de Guinehut doit encore être emprunté à la procédure, c'est sa réponse à un interrogatoire précédent.

« J'avoue bien mon tort; j'ai été bien faible ; mais j'étais harcelé, et l'on me parlait de récompense et de la présence de Madame la Duchesse de Berry. »

La culpabilité de Guinehut, continue l'organe du ministère public, ne peut donc faire l'objet d'un doute.

Relativement à Sailles, il a été prouvé qu'il était la terreur du village de la Jubaudière et des environs.

Le capitaine Cœur, averti de la présence des chouans, se rend dans un bois près Jallais, avec sa compagnie de voltigeurs : après bien des recherches infructueuses d'abord, on trouve un homme blotti dans une loge couverte de gazon, il crie qu'il se rend, on s'en empare, et l'on trouve dans cette loge des munitions, des vivres.

M. Cœur a prouvé, à l'audience d'hier, assez d'intelligence pour que l'on ne soit pas étonné des moyens habiles qu'il a employés pour mettre la main sur les deux autres chouans pris le même jour.

Ils furent donc arrêtés. L'accusé Sinan dit qu'il se cacha parce qu'il a craint la conséquence des propos qu'il avait tenus dans un cabaret : il avoue, du reste, qu'il a vu Cathelineau.

Voilà les points de fait! voyons maintenant les points de droit :

A l'égard de MM. de Civrac et Moricet, vous savez que l'accusation les charge d'avoir organisé un complot.

La loi qui pourrait ici avoir une application, est celle qui demande pour prononcer à l'égard du complot, la réunion de deux personnes.

La loi ne peut atteindre la pensée, ni des projets chimériques. Il est bien évident qu'un complot qui ne serait qu'une théorie, qui serait dénué des moyens physiques qui le font réussir, des armes, des munitions, serait une arme sans main ou sans bras pour s'en servir. Il faut, je le répète, la réunion de deux ou plusieurs personnes. Il faut une sorte de contrat de société, contre l'ordre établi. La loi veut une volonté non flottante, mais décidée.

Faisant un retour sur les faits, je demande si la preuve du complot n'est pas acquise suffisamment, s'il n'y a pas eu même des attentats dans plusieurs départemens. Des proclamations ont-elles été affichées? un commencement d'organisation militaire n'a-t-il pas eu lieu? Rappelez-vous ces bons de fournitures trouvés chez Guinehut, eh! bien, s'il y a eu attentat, il y a eu complot.

Je ne saurais comprendre l'un sans l'autre.

La question qui vous sera posée sera celle-ci : sont-ils co-auteurs d'un complot tendant à armer les citoyens les uns contre les autres; à exciter la guerre civile dans une ou plusieurs communes de l'arrondissement de Beaupréau, et à renverser l'ordre de successibilité au trône.

Un simple rapprochement ici : Sont-ils allés à la Chapronnière, uniquement pour fuir un mandat d'amener? Oh! alors, renvoyez les absous.

Mais ont-ils eu des rapports avec Cathelineau, lui l'agent le plus actif du gouvernement déchu?

Mais pendant le séjour qu'ils ont fait avec lui à la Chapronnière, n'ont-ils pas reçu les confidences de Cathelineau sur ses menées.

S'il en est ainsi, ils sont co-auteurs d'un complot auquel leur participation est incontestable et alors vous prononcerez.

A l'égard de Sailles, Cailleau et Pineau, se sont-ils rendus complices, ont-ils facilité ce fait? Mais il me semble que leur vie, dont nous connaissons les détails, répond suffisamment à cette question.

Sailles a été pris les armes à la main; il a fait partie de la bande de Buffard, il avoue tenir sa médaille à l'effigie de Henri V, de Cathelineau.

Pineau est chouan (de son aveu) de 1831. M. l'avocat-général puise dans la procédure même les preuves de culpabilité de Pineau et de Cailleau. Il reproduit les témoignages qui ont établi à l'audience les preuves de l'archarnement que Sailles a mis souvent dans ses actes d'insurgé.

Notre ministère ici, et je m'en félicite, devient un ministère plus doux, c'est dire que nous arrivons à ce qui concerne les accusés Brouard, Sinan et Lhuillier. A l'égard de Sinan nous ne pouvons voir en lui un homme ayant fait partie des bandes.

Quant à Lhuillier, une charge grave pesait sur lui. Il était mentionné dans l'accusation comme étant le messager qui, dans les bandes, avait apporté à Sailles, Pineau et Cailleau l'ordre et le contre-ordre de la prise d'armes. Là, il n'y a que présomption, nous ne pouvons pas insister.

M. le curé Brouard a compté sur la justice humaine: il a donné ici des explications qui d'abord ne nous ont

pas paru suffisantes. Les débats ont eu lieu, et rien à sa
charge n'en est résulté.

Vous n'avez pas sur ce banc des hommes pervers,
messieurs, de ces hommes comme, dans le cours de vos
travaux, vous avez pu en rencontrer. Néanmoins, si vous
pensez que les accusés se sont rendus coupables des faits
portés dans l'accusation, vous prononcerez. Je persiste
dans mes conclusions.

Après ce réquisitoire écouté avec calme par les assis-
tans, avec dignité par les individus dont il cherche à
établir la culpabilité, M. le président dit:

La parole est à Mᵉ Janvier, défenseur de MM. de
Civrac et Moricet. (Profond silence.)

Mᵉ Janvier :

Messieurs les Jurés,

Je me lève aujourd'hui avec les mêmes émotions dont j'étais
agité, lorsqu'il y a un mois, je commençais à élever dans
cette enceinte une voix tout-à-fait étrangère. Sans doute, je
n'aperçois à mes côtés que des motifs de sécurité et d'encou-
ragement ; mais devant moi sont de nouveaux juges : et un
début, sous quelque rapport que ce soit, me provoque à des
hésitations et à des sollicitudes.

J'étais accoutumé à vos prédécesseurs, et, j'ose le croire, ils
s'étaient accoutumés à moi. J'avais pu les surprendre d'abord par
des hardiesses de doctrines auxquelles l'avenir appartient, et
même cet avenir est plus proche que je ne le soupçonnais,
car depuis que je les ai énoncées à ce barreau comme des para-
doxes judiciaires, elles ont été professées à la tribune comme
des maximes gouvernementales.

La surprise et le scandale qu'elles excitèrent, heureusement ne se convertirent pas en défiance. Vos dévanciers surent comprendre de quelles idées hautement patriotiques j'étais inspiré, et mes .paroles ne demeurèrent point sans puissance et sans succès.

Je m'étais attaché à caractériser ce que c'était que la dernière insurrection de l'Ouest, et à son sujet nulle vérité n'avait été mieux démontrée que celle sous les auspices de laquelle j'ai hâte de placer ma défense.

A vous aussi, messieurs, il me sera facile de vous en donner la consciencieuse intelligence. Vous representez à un degré égal les sentimens et les principes qui font de votre patrie une terre d'espérance, pour les accusés politiques.

Je suis sûr que devant vous triomphera la vérité dont je parlais il n'y a qu'un instant, et la voici dans sa simple et pure expression : les tentatives insurrectionnelles de la Vendée n'ont point été le résultat d'une longue combinaison, mais d'un entraînement subit.

Faut-il vous en expliquer l'origine? J'y consentirais, à condition de ne point anticiper sur une cause plus solennelle encore que celle-ci, et à laquelle je dois me mêler. J'y serai sans doute appelé à chercher et à dire comment et pourquoi une princesse dont ses ennemis même ne contestent pas le courage et le dévoument maternels, aurait, au mépris des lois qui ont proscrit sa personne et sa dynastie, abordé les rivages de France. Dès ce moment je puis reconnaître que d'une course mystérieuse et rapide, elle s'élança vers la Vendée, que son approche jeta dans l'étonnement. Il est faux de prétendre quelle y fût depuis long-temps attendue ; que les choses et les hommes y eussent été préparés avec lenteur et habileté pour saluer sa veuve par la guerre ; qu'enfin il y ait eu conspiration suivant l'énergique portée du mot. Tout ce qui a été tenté, l'a été d'élan et non de calcul : des âmes ardentes d'enthousiasme et de fidélité chevaleresques, se sont imaginées qu'il y aurait trahison et lâcheté, à laisser s'enfuir sans combattre pour elle, une faible femme qui n'avait pas reculé devant tant d'obstacles et de dangers. Elle a été fascinée par des illusions, que l'on conçoit facilement dans une femme et surtout dans une mère.

Non pas d'elle, seulement d'auprès d'elle, après quelques préparatifs précipités, à deux reprises, est parti, un signal presqu'aussitôt révoqué, mais pourtant pas assez vite pour empêcher partout une entreprise qui n'a été en matière d'insurrection, qu'une improvisation manquée.

Il suit de là que c'est la dénaturer dans son essence de rechercher au cœur de la Vendée, les organisateurs de ces mouvemens, qui ne l'ont agitée qu'à sa surface.

Vous figurez-vous un fleuve dont les eaux dorment paisiblement, parce que l'air ne fait pas même ondoyer les feuillages de ses bords; mais d'un point éloigné du ciel, arrive un tourbillon imprévu, et le fleuve de soulever ses flots courroucés! regardez! et déjà il a recouvré son calme. En pouvait-il être autrement? le tourbillon a passé, et la tempête n'a été qu'éphémère, à défaut d'être mue par le vent du pays.

MM., je vous représente, dans la forme antique, sous le voile transparent du symbole, l'insurrection de la Vendée.

Ce fait général qui plane au-dessus de toutes les accusations politiques de l'Ouest. Je crois devoir le mettre en relief, à l'encontre de celle-ci, parce que seul il suffirait à sa réfutation.

Je conçois que, dans l'Ouest, on cherche des hommes de combat, je ne comprends pas que l'on s'obstine à y trouver des hommes de complot. Pourtant, c'est à ce rôle que l'on réduit mes cliens, rôle inutile, rôle impossible d'après la manière dont partout l'insurrection a été conduite.

Vainement tenterait-on de placer Beaupréau dans un cas exceptionnel, vainement supposerait-on que, conséquent à son passé, il a donné et non reçu l'impulsion.

Je m'étonne, je l'avoue, de ce système à l'appui duquel on a invoqué l'histoire. Mes cliens, Messieurs, arrêteraient ma parole, si, dans l'intérêt de leur cause, j'allais renier l'histoire de leur pays. Ils ne déclinent aucun des argumens qu'elle pourrait suggérer contre eux. Ils se sentent tressaillir de joie et d'orgueil, qu'on n'ait pas craint d'exhumer à leur charge la gloire de leurs pères. Dût-elle leur être fatale, ils se résignent à l'expier, plutôt que de balbutier un mot qui ressemblât à un désaveu.

Oui, ils m'ont donné mandat de le proclamer, oui, leur pays a été le premier théâtre de ces guerres de la Vendée, qu'un juge irrécusable en pareille matière, Napoléon, a nommé des guerres de géans.

Non loin de Beaupréau, on trouve le village du Pin-en-Mauges, et c'est-là qu'il y a quarante ans, vivait probe pauvre et pieux, un voiturier qui s'appelait Cathelineau. L'accusation, dès son début, me provoque à prononcer ce nom, et je m'en félicite. Le Cathelineau dont je parle en ce moment, le 18 mars 1793 au matin, pétrissait de ses mains, le pain grossier destiné à nourrir la nombreuse famille que le ciel avait accordé à son indigence. Tout-à-coup il quitte ce travail si vulgaire, pour commencer une des plus grandes entreprises dont le monde se soit étonné. Il appelle à lui vingt-sept de ses parens, de ses voisins, de ses amis; et (qui le croirait) avec cette misérable armée, il ose déclarer la guerre.... à qui, messieurs?.... à la Convention au plus fort de sa puissance et de ses fureurs; à la Convention, qui se déployait imposante et terrible contre l'Europe conjurée, et qui, quelques jours auparavant, lui avait jeté une tête de Roi en signe de défi et d'outrage.

Cathelineau, il est vrai, envoya, en quelque sorte, comme dans les Clans écossais, la Croix de bois, marquée de feu et de sang, et accoururent autour de lui en foule et avec enthousiasme, des paysans, des tisserands, des maçons, des sergers, tout ce qu'il y avait de plus humble et de plus obscur. Les grands seigneurs ne vinrent qu'après; ils suivirent courageusement l'exemple: ils ne le donnèrent pas.

D'éclatans succès confirmèrent l'autorité de ce chef qui s'était suscité presque par miracle. Il attaqua des troupes brillantes et disciplinées; avec des bâtons et des fourches, il conquit des munitions et des armes : il gagna des batailles, il emporta des villes; et ses compagnons ne surent par quels honneurs glorifier tant de courage, de sagesse et de modestie. Les La Rochejaquelein, les Bonchamps, les Lescure, et toutes les illustrations de la Vendée élurent pour leur général, le voiturier Cathelineau. Les grands hommes ont le pressentiment secret de la position qui leur convient; il n'eut pas besoin que, comme à Saül, Dieu lui ôtât le cœur de sa précédente condition; il s'en trouva de suite un conforme à sa haute dignité.

Ce bras qui n'avait jamais brandi qu'un fouet ignoble, agita majestueusement l'épée du commandement et de l'extermination. Quatre mois suffirent à lui mériter une de ces renommées qui ne périssent pas dans les siècles. Cet homme qui n'avait de science que les enseignemens des simples, sans le savoir et sans le vouloir, il imita les plus beaux dévoûmens de l'antiquité ; comme Léonidas et Fabius, dont jamais il n'avait ouï parler, au siége de Nantes, il se choisit trois cents des siens, pour consommer avec lui un dernier triomphe, ou un dernier sacrifice.... Ce fut un sacrifice.... Il tomba frappé au sein de la ville dont il avait forcé les retranchemens... La balle homicide sauva peut-être la Révolution; alors je penserais qu'elle aurait été conduite providentiellement. Je

suis de ceux qui bénissent toujours la marche des révolu-
tions, qui les regardent comme un arrêt, et même en tout
cas comme un bienfait de Dieu envers l'humanité ; mais,
vous en conviendrez, ce fut une grande victime que celle
qui devait être renversée, pour que la révolution française
pût passer outre par-dessus son cadavre.

Concevez-vous qu'on ait osé, en vue de cette cause, qualifier
de trames conspiratrices les résolutions soudaines et sponta-
nées du nouveau Mathatias, qui, lui aussi, s'était écrié :
« Il est meilleur pour nous de mourir les armes à la main
« que d'être plus long-temps spectateurs des maux de notre
« patrie, de voir nos temples profanés, nos prêtres proscrits,
« notre jeunesse enlevée pour servir la cause de l'impiété. »
Et il avait dit, et il avait donné le signal, et il s'était élancé
à la victoire, et il avait trouvé la mort : et il mourut,
lui plébéïen de village, à la manière des anciens chevaliers,
la croix sur la poitrine, le glaive à son côté : et son peuple et son armée le vouèrent à l'immortalité par le surnom
du Saint-d'Anjou.

J'avais à cœur de vous faire connaître quel avait été
l'artisan de ces complots, dont Beaupréau aurait été le
centre depuis 1793. On aurait dû comprendre combien il
était peu convenable de citer en quelque sorte à la barre
d'un juri, des événemens et des hommes qui ne tombent
plus que sous la juridiction de la postérité.

Je dois rendre cet hommage au ministère public, qu'à
cette audience il s'est renfermé dans les limites du procès. Je dois le même hommage au magistrat qui a improvisé avec une facilité et une sagacité merveilleuse
une présidence qui fera époque dans les annales des causes
politiques.

Je le proclame ; il est à l'honneur de ces deux magistrats d'avoir compris que c'était une logique réactionnaire

de rechercher ce qui s'était passé à Beaupréau avant la révolution de juillet.

Bien plus, les efforts tentés pour l'empêcher de s'y établir, ne peuvent être considérés comme les élémens de complot dont on vous dénonce la chimère.

Ici, l'avocat a glissé rapidement sur les événemens qui se seraient passés à Beaupréau dans les premiers jours d'août 1830. — Il est ensuite entré dans une réfutation également rapide des inductions que l'acte d'accusation avait tirées des antécédens et des relations de MM. de Civrac et Moricet.

A ce propos, l'avocat s'est écrié : L'accusation doit rendre grâces au discernement avec lequel M. l'avocat-général l'a restreinte : il l'a ainsi sauvée de bien des réprobations qu'elle avait encourues dans l'origine. Si elle se fût déployée ici dans son étendue, je l'aurais mis en lambeaux à coups d'une dialectique déchirante.

Mais il serait inutile d'insister sur ces niaiseries, sur ces impostures, sur ces espionnages, que M. l'avocat-général a dédaigné avec raison de relever.

L'avocat, après avoir établi que, jusqu'au mois de mai 1832, il n'y avait pas eu apparence de complot contre MM. de Civrac et Moricet, a entrepris de démontrer que, jusqu'à cette époque, il n'y avait pas eu de conspiration à Beaupréau. — Et quel en eût été, continue-t-il, le principal organisateur ? Cathelineau. Dans une cause où il joue un rôle si important, si tragique, vous me pardonnerez de vous entretenir de lui avec quelques détails. Il était le seul fils de ce Cathelineau dont je vous ai parlé en commençant; mais il avait quatre sœurs; tous les cinq étaient dans la plus tendre enfance quand leur père mourut.. Leur mère les traîna à la suite

7

de l'armée vendéenne ; elle les sauva avec peine du fer et du feu. Mais elle ne les eût pas sauvés de la faim s'ils n'eussent trouvé une seconde mère, une mère adoptive dans la veuve de Lescure, devenue l'épouse d'un La Roche-jaquelein. — Cette femme destinée à des unions héroïques et à de si tristes veuvages, cette femme dont la France a admiré les attachans récits sur la Vendée, et plus remar-quable encore par ses vertus que par son esprit, votre Cité doit être fière de la posséder aujourd'hui dans ses murs. Elle prit sous sa bienfaisante tutelle, les enfans, dévorés par la misère, du généralissime des armées Catholiques et Royales. Elle n'avait trouvé que de faibles débris de son patrimoine, elle voulut les partager avec ceux qui avaient souf-fert pour la même foi, elle pensa que le fils de Cathelineau devait recevoir une éducation, grâce à laquelle il pût comprendre son père.

Ses soins ne furent pas perdus : Jacques Cathelineau, dès sa jeunesse, se distinguait par son ardente piété, par la pu-reté de ses mœurs, la franchise et la douceur de ses sentimens : à défaut du génie, qui rarement est un privilége héréditaire, il avait de l'instruction et une grande droiture de ju-gement. Avec des idées au-dessus de sa condition il en chérissait les coutumes. Peut-être, plus d'une noble race n'eût-elle pas dédaigné de mêler son sang à celui d'un Cathelineau : il s'unit à une femme obscure et pauvre comme lui.

La restauration arriva. On a beaucoup parlé de ses lar-gesses envers ceux qui l'avaient servie au temps de ses mal-heurs. Ou bien elle n'a pas été aussi prodigue qu'on le sup-pose, ou bien elle n'a pas accordé ses récompenses à ceux qui en étaient les plus dignes. Qui les méritait mieux que la famille Cathelineau?

Plusieurs années se passèrent sans qu'on lui accordât, sui-vant l'expression de Châteaubriand, de quoi acheter un mor-ceau de pain blanc.

Les filles du Saint de l'Anjou, mariées à des journaliers, à des tailleurs de pierre, chargées d'enfans, obtinrent enfin chacune *cent écus de pension*.... Et, quant à l'héritier du plus beau nom de la Vendée, certes, la pairie lui aurait avec orgueil ouvert ses rangs, s'il y eût été envoyé par la même ordonnance que le fils de Montebello.... Savez-vous la faveur dont fut comblé le fils de Cathelineau ? il fut nommé lieutenant dans la garde royale et puis, s'il monta en grade, ce fut suivant son droit légal. Lors de la révolution de juillet, il était sergent aux cent-suisses.

Nonobstant ses inclinations militaires, ses devoirs et ses affections domestiques lui auraient fait préférer une autre carrière que celle des armes, s'il n'eût senti que le respect filial lui imposait l'obligation de porter l'épée. C'est chose admirable que les sacrifices dont il vivait ! Au milieu du luxe de la cour, il se refusait les jouissances du dernier des soldats ; il ne songeait qu'à élever sa famille. Quand il lui était permis d'aller l'embrasser, il faisait à pied le chemin de Paris à Beaupréau.

Quelqu'un en qui j'ai pleine confiance m'a raconté l'avoir vu plus d'une fois couvert d'un brillant uniforme, et cependant piéton modeste de Paris à Saint-Cloud, afin d'économiser douze sous pour sa femme et ses enfans.

Tant pis pour qui ne sentirait pas tout ce que des traits pareils ont d'élevé dans leur simplicité presque triviale.

Cette jeunesse opulente, amoureuse de l'éclat et des plaisirs dont il était entouré, respectait en lui les austères vertus du père de famille, relevées par le plus ardent courage. En imitation du Saint de l'Anjou, on l'appelait *le Saint de la Garde.*

Assurément, la Restauration avait été oublieuse pour lui, elle lui avait tenu un faible compte du sang versé pour elle par trente-six des siens, tous morts sur les champs de bataille ; il n'en croyait pas moins lui devoir jusqu'à la dernière goutte de son sang. Tels étaient son abnégation et son désintéressement que je le soulèverais dans son cercueil, si je m'écriais à l'ingratitude des rois.

On a prétendu, et c'est encore là une des preuves du complot, qu'il ne s'était lié avec M. Moricet que depuis la révolution. Le besoin de répondre à ce mensonge m'autoriserait à citer quelques fragmens d'une correspondance qui n'avait cessé d'exister entre eux. Ces citations auraient un double résultat, de prouver que l'amitié qu'on incrimine est ancienne, et de plus, elles montreraient Cathelineau, tel qu'il était, suivant cette maxime que le style c'est l'homme. Dans une multitude de lettres, j'en avais choisi deux au hasard, je les avais préférées, comme les plus courtes.

L'avocat dans son désir d'abréger, analyse rapidement les deux lettres.

Vous comprenez, continue-t-il, qu'avec le royalisme mystique qui domine dans ces lettres, Cathelineau n'eût point d'hésitations lors de la révolution de juillet, et ce ne fut pas sa faute, s'il ne se fit pas tuer pour rester fidèle au serment et à l'honneur militaire, tels qu'ils étaient, suivant moi faussement, mais loyalement compris par une partie de l'armée.

Pour nous, hommes de logique, la loi est la vraie souveraine et le roi ne tire que d'elle son inviolabilité. Pour un vendéen, pour un Cathelineau, la loi n'est qu'une morte formule quand elle n'est pas la volonté du Roi. Cathelineau se serait volontiers fait tuer dans la capitale, à Saint-Cloud, à Rambouillet, mais la lutte n'étant pas possible, il revint, ou plutôt il courut, toujours à pied, vers sa chère Vendée.!!!

C'est à Beaupréau qu'il avait son domicile, que demeurait sa famille, qu'il avait acheté une chaumière (car son père ne possédait pas celle qu'il habitait, il était naturel qu'il vînt se réfugier à Beaupréau, et il y a eu de la perfidie à insinuer qu'il n'avait continué à y demeurer jusqu'à la mort , que parce que le pays était favorable aux conspirations. Quoi de moins suspect que de résider dans son pays natal , au milieu de souvenirs paternels, auprès du monument qui les consacrait. L'inquisition de la police a pu seule voir là un indice de conspiration.

J'avoue que d'abord il était revenu, non pour conspirer , mais pour combattre.

Si la légitimité n'avait pas si vite désespéré d'elle-même ; si elle était venue planter son drapeau déchiré et fugitif dans un coin de la Vendée , à Beaupréau , alors je ne le nie pas , je le proclame ; Cathelineau eût essayé si son nom , en descendant à lui, avait perdu ses prestiges , s'il ne pouvait pas encore susciter des miracles de victoire.

Mais la légitimité préféra conduire le deuil de la monarchie sous un long arceau de drapeaux tricolores; elle mit l'Océan entre elle et la Vendée , et Cathelineau avait un courage trop réel pour le dépenser en témérités inutiles ; mais d'un autre côté , c'est dénaturer son caractère, de supposer qu'il se soit adonné à des machinations clandestines.

Sur quoi se fonde-t-on pour l'en accuser? sur les mêmes fables dont j'ai par rapport à Moricet démontré l'insignifiante absurdité.

Il n'y a qu'un instant, j'ai prouvé que leurs relations depuis juillet n'étaient qu'une conséquence naturelle, nécessaire, de leurs relations antérieures. Ils se sont vus plus que jamais parce qu'ils habitaient le même lieu; ils se sont réunis quotidiennement parce qu'ils avaient les mêmes loisirs , et pourquoi le cacherais-je , parce qu'ils avaient les mêmes regrets; si vous voulez, les mêmes espérances. Je ne vous dis pas que ces regrets, que ces espérances n'aient servi d'alimens à leurs conversations ; je ne vous dis pas qu'ils ne parlassent ainsi non seulement à eux deux, mais avec leurs amis, je ne vous dis pas que la politique fût bannie de ces réunions qui empêchaient de dormir l'autorité.

De tout cela je ne sais rien, mais je le crois.

Il ne suffit pas de refuter : MM. Moricet et Cathelineau passaient pour les agens les plus actifs de la conspiration. Pourquoi avaient-ils cette réputation ? parce qu'elle leur était faite par les mêmes témoins qui déposent, comme d'un bruit public, des niaiseries que les premiers ils avaient mises en circulation ; et dont ils déposent à l'égal d'une notoriété, parce qu'elles avaient passé par quelques bouches avant de leur revenir.

C'est là rouler dans un cercle vicieux. Ce que je demanderais à l'appui de l'accusation posthume contre Cathelineau ; ce serait, non des bruits vagues, mais des faits précis. Un seul m'a paru tel, celui d'avoir soudoyé les bandes, qui pendant dix-huit mois ont parcouru l'arrondissement de Beaupréau. Il est passé en axiôme pour le parquet qu'elles ont été les auxiliaires anticipés de la dernière insurrection. Je le conteste absolument. Les bandes ont été un accident et non un moyen, un précédent et non un préparatif. Il y a trois mois, dans une cour d'assises voisine, investie du jugement d'une grande partie de ces bandes, je crois avoir exactement déterminé leur origine et leur caractère. Me pardonnerez-vous si j'ai l'orgueil de me citer moi-même ?

Ici, l'avocat a cité un fragment de son plaidoyer, pour M. de Caqueray, aux assises de Blois. Nous croyons devoir reproduire ici ce fragment instructif :

C'est faire trop d'honneur aux bandes, a-t-il dit, de les

rattacher à une organisation systématique ; il suffit de remonter à leur origine pour se convaincre qu'elles sont nées
de circonstances accidentelles ; les débats vous ont mis en
relief leurs développemens successifs.

Des jeunes gens, que leur âge et le sort appelaient aux armées, ont cru que la France était menacée d'une guerre
inévitable et universelle ; ils ont cru qu'ils étaient destinés
à recommencer cette carrière de conquêtes et de désastres
dont la première révolution avait donné le signal ; ils ont
cru qu'on allait les conduire à la frontière et puis se ruer
avec eux sur l'Europe ; ils ont craint de laisser leurs os sur
la terre étrangère ; ce n'est pas de mourir qui les effrayait,
mais mourir loin des champs paternels..... Cette pensée
que le poëte, prête au héros expirant :

Et dulces moriens reminiscitur Argos.

Ah ! cette pensée amère a dénaturé leur courage, et ils
ont préféré à la condition de soldat celle moins honorable
et plus périlleuse de déserteurs. La conformité de situation
les a rapprochés et réunis, ils ont été un centre de ralliement pour d'autres hommes que d'autres motifs ont poussés à
partager leur triste existence.

L'avocat peint ces nouveaux venus plus exaltés d'opinion,
parce qu'ils étaient poursuivis par la justice : des réfractai-
res, des contumaces, ajoute-t-il : voilà le noyau des bandes.
Bientôt elles ont pris un caractère plus militaire et plus
politique ; çà et là quelques vieux compagnons des Stofflet et
des Charette ont senti se réveiller leurs souvenirs et leur
instinct, et ils sont venus se placer à la tête de ces bandes
sans chefs.

Me Janvier développe ici les accroissemens que reçurent
les bandes : elles cessèrent de se cacher de ferme en ferme ;
elles errèrent publiquement et en armes, mais ayant soin
d'éviter la rencontre de nos soldats. De dire au juste quels

projets étaient les leurs, je ne saurais, dit l'avocat; elles-mêmes auraient été embarrassées d'en rendre raison; elles faisaient de la chouannerie en pure perte, au hasard, *quand même!* C'est le mot sacramentel, et jamais il ne fut plus à propos de l'appliquer. Elles se sont traînées chétives, harcelées, avec la conscience de leur nullité, attendant les événemens et incapables de les susciter; tout au contraire d'avoir été le germe d'une Vendée, ce sont elles qui en ont fait avorter la récente tentative. En effet, ce sont elles qui ont excité la sollicitude du pouvoir et lui ont suggéré les précautions auxquelles il a dû de n'être pas surpris et attaqué sans défense. Lorsque cette princesse, qui n'a pris conseil que de ses illusions maternelles, et qui a improvisé la plus aventureuse des entreprises, lorsqu'après avoir, mystérieuse et fugitive, traversé la France, elle est arrivée dans la Vendée, elle y a trouvé tout préparé contre elle, et rien pour elle : elle a dû maudire cette chouannerie inutile, qui n'avait servi qu'à rassembler les forces imposantes, devant lesquelles l'insurrection n'a osé surgir, ou a été aussitôt écrasée.

Je maintiens aujourd'hui plus que jamais la vérité de ces aperçus; ils ont été confirmés par tous les procès subséquens. Il est impossible d'établir un rapport de causalité intentionnelle entre la chouannerie et l'insurrection. Je le répète : c'est la première qui a fait manquer si facilement la seconde.

Il est donc absurde de supposer que Cathelineau en vue d'une révolte ultérieure et générale, ait organisé et entretenu les chouans dans les environs de Beaupréau. Si quelque chose a ressorti des débats solennels de Blois, c'est le dénuement dans lequel vivaient ces vagabonds armés.

On veut que Cathelineau ait été leur instigateur, leur chef occulte, parce qu'il a fourni à leur nourriture, à leur habillement, à leur entretien.

J'admets ces faits; et je suis loin d'en induire une complicité, je suis convaincu que les secours donnés par Cathelineau n'ont eu pour but que d'empêcher ces hommes, que dépravait leur misère, de se livrer à des excès, dont la honte retombait sur le parti légitimiste. On conçoit que ce parti ait été jaloux de son honneur, et que tout en désapprouvant par conscience et par prudence la chouannerie, il n'ait pas voulu la réduire au désespoir. L'exiguité et la rareté des dons que l'on signale, démontre, qu'on lui faisait l'aumône et non la solde. On la soulageait, on ne la stipendiait pas.

C'est une calomnie de présenter Cathelineau comme ayant été son payeur-général : lui, messieurs, lui le trésorier d'un vaste complot, d'un complot qui avait pour complices les propriétaires les plus opulens, les gentilshommes les plus généreux de la contrée! oui, voilà ce dont on l'a accusé : Eh bien! le hasard m'a fourni la preuve écrite du contraire : ma bonne fortune m'a fait rencontrer dans votre ville cette veuve deux fois illustrée et deux fois malheureuse par ses maris; la veuve de Lescure et de La Rochejaquelein : elle m'a accueilli dans sa famille, où j'ai trouvé toutes les grâces et toutes les vertus; j'y ai trouvé aussi cette haute tolérance qui naît d'une conviction profonde; et nulle part je n'ai pu mieux déployer sans choquer des susceptibilités, les hardiesses de mon libéralisme. Nous avons parlé, chacun dans notre point de vue de la Vendée, de ses héros, de ses martyrs. Nous avons parlé du fils de Cathelineau. C'est la marquise de Larochejaquelein qui m'a révélé les détails que j'aurais voulu, messieurs, vous raconter, avec son charme et son émotion. Elle conserve comme de précieuses reliques les dernières lettres de son filleul, de son fils adoptif. Elle me les a confiées pour satisfaire à ma curiosité, et j'en ai trouvé deux qui prouveraient que Cathelineau n'avait d'or à donner à personne. Il implorait la charité pour ses sœurs; il n'avait pas d'argent pour payer cette modeste maison que, vous le savez il avait achetée à Beaupréau. Ces lettres sont authentiques : elles portent le timbre de la poste. La main qui les a tracées, et qui n'est plus que lambeaux ou poussière, ne s'est pas ranimée pour les écrire depuis le procès ; elle ne les a pas écrites non plus dans la prévoyance de l'usage que j'en fais aujourd'hui. La première est du 4 novembre 1831.

(Ici l'avocat donne lecture de cette lettre que nous croyons propre à intéresser nos lecteurs :

Beaupréau, le 4 novembre 1831.

Madame la Marquise,

Il y a bien long-temps que je n'ai eu le bonheur de m'entretenir avec vous : plusieurs fois j'avais été sur le point de vous écrire, et je ne sais quelles raisons m'avaient empêché de le faire jusqu'à ce jour. Mais j'aime à croire que vous connaissez trop bien mon amitié pour vous et pour votre famille, pour taxer ce délai d'indifférence.

Je viens d'apprendre avec peine, par M. le marquis de Civrac, que vous étiez très-souffrante depuis quelque temps. Je désire bien de tout mon cœur que cette indisposition, que j'attribue aux peines que vous avez éprouvées depuis quelque temps, n'ait pas de suites fâcheuses, et qu'une réponse prochaine m'apprenne que vous êtes bien rétablie. Je le désire pour vous et les vôtres, et en particulier pour moi. Il faut bien que je vous dise un petit mot de moi et de ma famille; car l'intérêt que vous voulez bien toujours nous continuer, m'en fait un devoir. Je vais d'abord commencer par vous dire que la providence continue toujours à me protéger d'une manière admirable. Ma femme est parfaitement rétablie de sa longue maladie : pour moi, je suis toujours, grâce à Dieu, bien portant. Mes deux fils sont au petit séminaire de Combrée. L'aîné est en rhétorique, et le second en troisième. Tous les deux sont bien portans, si ce n'est le second, qui a quelquefois la fièvre; mais cela tient à ce qu'il a grandi trop tout à coup; l'un et l'autre se conduisent très-bien, et surtout l'aîné, qui a une conduite exemplaire. Mes deux filles vont également bien, ainsi que le petit Louis qui vit chez moi, et que je fais travailler autant qu'il est possible. D'après cet exposé, vous me voyez, madame, bien heureux, et cela est très-vrai. Mais ici l'amitié frater-nelle parle; et je vous l'avoûrai franchement, quand je vois ma pauvre sœur manquant de tout, mon cœur est navré de douleur. Hélas! oui, madame, puisqu'il faut bien le dire, deux d'elles sont par suite de la suppression de leurs pen-sions, réduites à la mendicité, et déjà elles auraient com-mencé à aller chercher du pain, si, depuis deux mois, je ne leur en avais acheté de mon argent. Mais avec la meil-leure volonté, je ne puis continuer sans que mes pauvres enfans en souffrent; j'aurai donc la douleur bientôt de voir mes pauvres sœurs aller demander, aux portes de mes voisins, du pain, si des personnes secourables ne viennent à leur secours. O vous, madame, qui avez toujours fait votre bonheur de soulager les malheureux, n'oubliez pas, je vous en conjure, une famille qui n'a été élevée que par vos soins, et que vous voulez bien regarder comme vos enfans. Je sais bien, madame, que ce n'est pas de vos propres fonds que vous pouvez soulager mes pauvres sœurs. Je le sais mieux que personne : le grand nombre d'enfants que vous avez ne vous le permet pas. En m'adressant à vous, ce n'est point le but que je me propose; mais bien celui de vous prier avec instance de vouloir bien employer tout votre crédit auprès des personnes charitables de votre con-naissance; croyez bien, madame, que si je plaide avec tant de chaleur pour mes sœurs, c'est uniquement par amour

pour elles, et non pas que mon amour-propre souffrirait de
les voir demander du pain : à Dieu ne plaise qu'une telle
pensée entre jamais dans mon cœur. Il est temps que je vous
fasse connaître et le nom et la position de mes deux sœurs,
dont je viens de vous entretenir. L'aînée des deux est la
Boulier, qui demeure à la Boussière, dont je vous ai parlé
plusieurs fois. Elle a son mari et six enfans. Depuis son ma-
riage, l'un et l'autre ont été constamment malades, ainsi
que leurs enfans qui ne peuvent rien gagner ; la seconde
est la veuve Lunel ; elle a trois enfans ; deux seulement sont
chez elle ; trop jeune encore pour travailler, l'aîné, qui se
destine à l'état ecclésiastique, est avec ses cousins ; je l'ai
envoyé comptant sur la Providence. Pour celui-ci, il ne faut
pas s'en occuper. Comme je sais que la position de mes
deux sœurs vous paraîtra, dans les temps fâcheux où nous
vivons, trop difficile à soutenir, je vous recommanderai celle
à qui vous avez bien voulu porter jusqu'à ce jour tant
d'intérêt ; c'est ma sœur la Lunel : quant à l'autre, malgré
sa nombreuse famille, tant que j'aurai du pain, je le par-
tagerai avec elle, comme je l'ai fait jusqu'à ce jour pour
l'une et l'autre. Si mes sœurs venaient à toucher leurs pen-
sions, je vous en préviendrais tout de suite.

Je pense, madame la Marquise, que vous ne m'en voudrez
pas de vous avoir fait un tableau si touchant sur le malheureux sort de mes pauvres sœurs. Pour me décider à vous
l'écrire, il ne m'a fallu que penser au bien continuel que vous
avez toujours fait à la famille, et surtout pour celui que
vous voulez appeler votre fils aîné, et qui, je l'espère,
cherchera toujours à se rendre digne du beau titre dont
vous avez bien voulu l'honorer.

C'est dans ces sentimens que, etc.

Signé CATHELINEAU.

Je ne sais s'il est quelqu'un, qui, après une lettre pareille, puisse supposer encore que Cathelineau tenait caisse ouverte à Beaupréau pour tous les agens du complot... Or, qu'est-ce qu'un complot qui n'a pas ses trésors? une impossibilité... Si pourtant les Vendéens, comme les jansénistes avaient eu leur cassette mystérieuse et toujours remplie, Cathelineau, n'y eût-il pas pris quelqu'argent pour secourir ses pauvres sœurs, eût-il, mendié pour elle, avec une candeur qui est de la dignité.

Pour rendre vraisemblable l'existence de cet or, élément indispensable du complot, l'accusation en est réduite à supposer que Cathélineau a été le plus désintéressé, le plus pur des conspirateurs; qu'il n'a pas voulu distraire un seul dénier de l'entreprise à laquelle il s'était consacré, pour l'employer aux misères de sa famille; que Cathelineau pouvait bien être un recruteur de soldats et d'armes pour la guerre civile, si sa lettre ne respirait des sentimens qui sont bannis d'une âme agitée par les complots qu'elle fomente.

Quoi! il conspirait, cet homme, qui privé de ses grades, de ses pensions, exaltait la Providence de la protection qu'elle lui accordait, trouvait qu'elle faisait immensément pour lui, d'avoir rétabli sa femme malade, d'accorder des succès à ses enfans dans leurs études; il conspirait, cet homme dont le cœur se fondait de bonheur et d'émotion parce qu'il était au milieu des siens!.....

Apercevez-vous un seul désir, une seule espérance de changement dans sa position?

Oh! vous connaîtriez bien peu ce que c'est qu'un conspirateur, si vous vous obstiniez à croire que Cathelineau l'était. Un conspirateur n'a pas un instant de calme; le présent le fatigue; il s'élance fougueusement dans l'avenir; il n'est touché, ni de la tendresse de sa femme, ni de la science de ses fils, ni des douces caresses de ses filles, ni de la détresse de ses sœurs. Il suspend sa vie de père, d'époux, de frère, sa vie domestique enfin, pour la vie de conspirateur, vie d'un enthousiasme aride et sombre, qui sèche, qui décolore les joies et les affections de la famille. Cette lettre que je viens de lire était toute la conscience de Cathelineau, au mois de novembre 1831.... Sa conscience était dans le même état de quiétude et d'attendrissement, au 15 avril 1832 ; la preuve, c'est l'autre lettre que j'ai annoncée, qui porte cette date. MM., écoutez-la bien ; c'est en quelque sorte le testament du malheureux Cathelineau.

Beaupréau, le 26 avril 1832.

Madame la marquise,

J'ai reçu une lettre, il y a quelques jours, de Mlle Louise, qui nous a quittés, comme vous le savez sans doute, pour aller se réfugier à La Rochelle ; enfin il n'y a rien à dire puisque cela l'accommode. Je désire qu'elle se trouve heureuse, et que la malheureuse maladie qui ravage la France n'aille pas la trouver. Elle n'est pas encore arrivée jusqu'à nous, heureusement ; quoiqu'elle soit bien rapprochée, puisqu'elle est à Nantes. J'ai aussi vu avec bien de la peine qu'elle était à Orléans, j'aime à croire que vous et votre famille en serez préservée ; c'est ce que je demande à Dieu tous les jours ; hier, tout le monde se portait bien au château ; ma femme, sans être forte, jouit cependant d'une meilleure santé ; mes enfans sont également bien portans et continuent à bien travailler et à se bien conduire, ainsi que Lunel, dont vous voulez bien vous occuper. J'aime à croire qu'il saura se rendre digne de vos bontés pour lui, sa mère et ses frères. J'ai touché les 100 francs que vous aviez donnés à M. Emeric; je vais avec cela payer le plus pressé. Je suis chargé, de la part de ma sœur et de la sienne, de vous témoigner leur reconnaissance. Je vous prierai en même temps de vouloir bien recevoir tous mes remercîmens pour toutes les bontés que vous voulez bien avoir constamment pour moi et mes pauvres sœurs. Je vous serai également très-reconnaissant si vous avez occasion de voir les personnes qui veulent bien prendre intérêt à ma famille, de vouloir bien leur présenter mes hommages. Mlle Louise, en m'écrivant, m'a dit qu'elle était chargée de vous dire combien je devais encore pour ma maison; mais que, ne le sachant pas, elle me priait de vouloir bien vous le dire. Je reste encore à devoir 2,500 francs. Mes respects à votre aimable famille, mes amitiés à Henri, si vous le voyez.

Je suis avec le plus profond respect et la reconnaissance la plus vive,

Madame la marquise,

Votre très-humble et très-obéissant serviteur.

CATHELINEAU.

(Pendant la lecture de ces deux lettres, que Me Janvier fait avec l'accent le plus attendri, l'émotion du nombreux auditoire est à son comble. Les regards se portent sur les vêtemens ensanglantés de la malheureuse victime. On ne peut s'empêcher de verser des larmes.)

Me *Janvier continue* :

Je ne disséquerai pas cette lettre pour en faire sortir des inductions morales, les plus décisives, les plus infaillibles de toutes.... mais, un mois et trois jours avant sa mort, de quoi s'occupait encore Cathelineau? de sa famille; rien que d'elle... toutes ses préoccupations étaient domestiques. Il jouissait des bienfaits que sa providence terrestre, la généreuse marquise, avait accordés à ses sœurs.

Songez, Messieurs, à qui il écrivait! à celle qui le nommait son fils, qui lui accordait place dans sa tendresse à côté de son Henri, ce noble appui de ses vieux ans. Ca-

thelineau devait naturellement être confiant, expensif de tous
ses projets, dans une lettre qui n'était pas destiné à lea pu-
blicité. Y trouvez-vous la moindre insinuation d'une prochaine insurrection ? et cependant, si semblable projet eût
été agité , la marquise , par ses souvenirs , par ses intérêts,
par ses amitiés, ne devait pas y rester étrangère . Je sais la
discrétion que l'on garde dans une lettre confiée à la poste;
mais il est impossible de n'y pas glisser des allusions , des
équivoques , qui sont comprises par les initiés ; vous n'en
apercevez pas de traces.

Cathelineau écrit comme 6 mois auparavant, il écrit comme
dans un temps ordinaire, il n'écrit que pour les mêmes choses.

Messieurs , je dépose dans vos esprits cette question
que le bon sens le plus simple n'hésite pas à résoudre :
Quand on se prépare à la guerre civile , quand on doit en
donner le signal , quand ce signal est imminent , songe-
t-on à ses affaires, songe-t-on à payer le reste d'un prix de
vente , arrange-t-on bourgeoisement son existence ? On ne
pense qu'à combattre et à vaincre, et l'on dit : Après, les
affaires ! Concevez-vous un chef d'insurrection qui va rétablir sur le trône le descendant des rois , ou provoquer sur
son pays et sa famille toutes les dévastations de la guerre
civile et qui s'inquiète de trouver 2,500 fr. pour payer sa
maison? Et vous voulez que ces pensées diverses, répulsives
les unes des autres, aient sollicité à la fois Cathelineau !!!

Vous qui le diriez , vous auriez beau rassembler artifi-
cieusement une foule de petits faits , vous auriez beau vous
ingénier d'une logique superficielle et matérialiste ; Je
vous répondrai par un mot qu'on a rendu célèbre, mais
sans doute en le mutilant : «Je ne méprise rien tant
qu'un fait lorsqu'il est en contradiction avec les immuables
lois du cœur humain : » et , me fondant sur ces lois , je ne
démontre pas j'affirme , que Cathelineau ne conspirait
pas au 15 avril.

Je maintiens que dans les jours qui ont suivi, il ne l'a pas fait davantage, ni par lui-même ni avec ceux dont il était entouré. Seulement je confesse qu'il paraîtrait avoir prêté obéissance à un complot qui était plus loin et plus haut, celui que j'ai caractérisé en commençant.

Vainement objecterait-on que ce complot général n'a pas été unique, qu'il s'est disséminé dans l'Ouest en une multitude de complots partiels. Je conçois qu'il y ait eu nécessité de conciliabules et de délibérations sur des points divers, si la Vendée même sous la restauration n'était restée organisée de manière à s'insurger dans quelques heures; à cet égard, je ne sais rien, je répète ce qui est écrit dans une foule d'actes d'accusation relatifs aux troubles de l'Ouest.

Si j'en crois ces actes d'accusation, du reste remplis d'erreurs, jamais la Vendée, à aucune époque, ne licencia ni ne désarma ses troupes. Les anciennes divisions militaires avaient continué de subsister, et elles avaient leurs chefs titulaires prêts à agir quand il leur serait prescrit. D'après un pareil état de choses, s'il est vrai, l'insurrection n'avait pas besoin d'être précédée par des conspirations locales. Il n'y a eu qu'une conspiration supérieure fomentée et dirigée vous savez par qui. Je n'ai pas besoin de dire que j'emploie ici le mot de conspiration sans lui attribuer un sens moralement criminel. Il est toujours grand et saint de conspirer pour rétablir ce qui semble son droit. C'est le gouvernement qui l'a proclamé à la tribune. L'intrépide princesse n'a concerté et arrêté des résolutions, ce qui constitue l'essence du complot, qu'avec les fidèles et ardens serviteurs dont elle était entourée. Elle n'a pas demandé à l'Ouest des conseils, elle lui a envoyé des ordres. Elle seule a voulu tenir et mouvoir les fils de sa gigantesque entreprise. Elle s'est adressée par intermédiaires aux chefs Vendéens, elle ne leur a point rendu compte de ses desseins; elle les a avertis qu'il fallait combattre et mourir quand elle le leur dirait, et ils se sont préparés.

8

L'arrondissement de Beaupréau avait quatre divisions dont on signale les chefs, et qui, à ce titre, sont impliqués dans d'autres affaires, si ce n'est Cathelineau, auquel on attribue le commandement de la division de Beaupréau même. Que s'il était en réalité investi de ce commandement, ce que je n'affirme ni ne conteste, ce n'était pas de date récente. La restauration, qui, pour les jours de prospérité, ne le reconnaissait que simple capitaine, l'aurait nommé général pour les jours du danger; elle aurait pensé qu'il devait être naturellement aux lieux où son père avait commencé la première insurrection.

Mais il ne l'était point devenu, depuis la révolution de juillet, il l'était antérieurement. Il n'a donc pas été besoin de l'initier à la conception du complot. On ne l'en a instruit que lorsqu'il était parfait et qu'il ne restait plus qu'à l'exécuter. Son dévoûment était tel, qu'on pouvait se dispenser de s'en assurer à l'avance; on était sûr qu'il ne manquerait pas dès qu'il serait exigé. Je ne saurais trop insister à ce sujet: c'est méconnaître Cathelineau, que de supposer qu'il s'est fatigué à des conférences, à des correspondances, à des machinations. Ses lettres les plus confidentielles emportent avec elle la preuve qu'il n'a rien su qu'à l'époque du débarquement de Madame.

C'est à cette époque que se rapportent ses démarches vers Guinehut, pour l'engager à recevoir le dépôt des munitions. Il est faux de dire que c'était lui qui se les était procurées; il résulte des déclarations de Guinehut, que Cathelineau annonça que ces munitions lui étaient transmises, et qu'il n'était chargé que de les mettre en sûreté.

Les individus qui les apportèrent, confirmèrent par leurs propos, les discours de Cathelineau; ils venaient d'Angers, ils venaient de Nantes, c'était ailleurs qu'à Beaupréau, que l'on disposait tout pour l'insurrection. Cathelineau n'est pas, dans cette circonstance, sorti du rôle le plus passif : son rôle véritable n'eût commencé qu'à l'instant de l'action.

Vouliez-vous qu'il ne reçût pas les munitions qui lui étaient envoyées sous sa sauve-garde? Vouliez-vous qu'il les laissât tomber entre les mains des agens du pouvoir? C'eût été de sa part une infâme trahison : et il n'en était pas capable. Il a regardé comme sacré le dépôt qui lui était confié. Ne pouvant l'accueillir et le conserver chez lui, il a eu recours à Guihehut. On vous démontrera facilement que cet accusé a subi un entraînement irrésistible, un entraînement qui détruit toute culpabilité morale. Il a été le dépositaire et le distributeur d'une quantité plus ou moins considérable de poudre, parce que Cathelineau le lui avait commandé : et Cathelineau lui-même n'a été qu'un instrument docile et fidèle.

S'il était vivant, et que pour ce fait il fût traduit devant vous, il vous répondrait avec vérité et succès, qu'en recevant la nouvelle que des munitions étaient dirigées vers Beaupréau, il avait soupçonné une insurrection prochaine; mais qu'il n'en connaissait encore ni les moteurs, ni les moyens.....

Cependant, j'en conviens, il pourrait être déclaré complice d'avoir aidé et assisté les auteurs d'un complot; mais il ne pourrait en être déclaré auteur personnel. Or, c'est le chef d'accusation élevé contre MM. Moricet et de Civrac.

On les accuse (remarquez bien le terme) d'avoir favorisé un complot, de l'avoir commis, c'est-à-dire de l'avoir conçu, combiné, organisé, et je vous démontre qu'il n'y a jamais eu de complot indigène.

Je serais tenté de borner ici la discussion dans l'intérêt des accusés : si Cathelineau ne pourrait être condamné comme auteur, à plus forte raison ne peuvent-ils l'être à ce titre : de l'aveu du ministère public, ils ont fait moins, ou plutôt ils n'ont rien fait. Je porte le défi d'articuler contre eux un acte qui puisse les faire réputer même simples complices, ce dont ils ne sont pas accusés, et dont je les justifie surabondamment.

Sans doute, ils se sont cachés avec Cathelineau ! Singulier genre de complicité qu'il s'agit d'examiner. Vous le voyez, je pénètre hardiment dans les entrailles de la cause ; j'y pénètre plus profondément que n'exige la défense de mes cliens, qu'encore une fois, je pourrais concentrer sur le seul chef d'accusation qui vous soit soumis, celui d'auteur de complot, et de celui-là, il n'en faut plus parler : il est en opposition avec les faits fondamentaux de l'insurrection de la Vendée.

C'est M. de Civrac qui a donné l'exemple à MM. Moricet et Cathelineau de quitter leur domicile ; c'est donc à lui qu'il convient d'expliquer le motif de cette démarche extraordinaire. Le ministère public conviendra que c'est pour lui une triste nécessité de ne pouvoir accuser M. de Civrac de complot, sans l'accuser de mensonge. Si je m'indigne de cette inculpation, ce n'est point à cause ni de sa naissance, ni de sa fortune, ni de son ancienne dignité ; je ne crois pas qu'on me suppose des préjugés et des révérences aristocratiques. Nulle position n'a pour moi de prestige, et ma confiance aux paroles de qui que ce soit se mesure à son caractère. Mais j'en interpelle M. l'avocat-général, y a-t-il un caractère plus loyal et plus pur ? Y a-t-il un plus honnête homme et qui mérite plus de foi, même sur le banc des accusés ? Qui oserait le soupçonner capable de mentir pour se sauver ? Eh bien, messieurs, écoutez ce qu'il vous déclare par ma bouche.

Il ne s'est mêlé ni directement ni indirectement à aucune intrigue, à aucune menée insurrectionnelles. Il ne croyait pas à l'efficacité de la guerre civile, comme moyen de rétablissement de l'ancienne dynastie. Loin de lui de déverser

le moindre blâme sur ceux qui ont eu des idées différentes,
et qui ont agi conséquemment à leurs idées ; mais les siennes
étaient arrêtées, étaient notoires. Il ne s'en serait départi
que dans un seul cas, dans celui où MADAME l'eût sommé
de se ranger sous son drapeau, *quand même !..* Alors, il ne
vous le cache pas, il eût obéi, à regret, à contre cœur,
avec la conviction de commettre une imprudence, de consommer un sacrifice ; mais il eût obéi ; Madame l'eût ordonné, et il eût été infâme à ses yeux de repousser son
appel. Mais il n'a pas eu cet immense bonheur, qu'il paierait
de tout son sang, d'offrir l'hospitalité à la fugitive. Sa
famille l'eût imité avec abnégation : elle n'eût point cherché
à le détourner d'un devoir. Il n'eût pas maudit sa magna-
nime séductrice. Je démens les fables absurdes qu'un témoin
a daigné répéter à cette audience. Il l'a fait, sans doute,
dans une intention bienveillante ; mais M. de Civrac ne veut
ici de la bienveillance de personne. Je n'en veux pas non
plus pour lui. Il n'accepte pas le rôle d'un homme entraîné ; il garde fièrement l'attitude d'un innocent qui
exige justice. Il le proclame à la gloire de la Princesse :
si elle est accourue pour enflammer les courages, elle n'a
point tenté de violenter les consciences. L'éloignement de
M. de Civrac pour la guerre civile était si prononcée, qu'on
n'a pas hasardé envers lui une proposition.

Resté inoffensif envers le gouvernement, il se persuadait
qu'en retour on le laisserait jouir d'une pleine sécurité,
lorsque le 14 mai il reçut l'avis qu'un mandat avait été
lancé contre lui à Nantes, et sans doute par les autorités
militaires de cette ville.

Il ne saurait préciser si c'était un mandat d'amener ou
d'arrêt ; c'est une distinction sur laquelle il n'est pas fixé ;
il est ridicule qu'on lui ait reproché ; je me trompe, ce
n'est pas à lui, c'est à M. Morfcet, de s'être contredit en

parlant tantôt d'un mandat d'amener et tantôt d'un mandat
d'arrêt.

Ce misérable ergotage, je le relève sans le refuter. Les
dénominations n'importent guère, ce qu'il y a de certain,
c'est qu'on lui annonçait qu'il devait ainsi que MM. Cathelineau et Moricet être saisis chez eux par la force armée et
conduits dans les prisons de Nantes.

On objecte qu'à Nantes aucun mandat n'avait été
délivré. Où donc est la preuve de cette dénégation?
l'autorité judiciaire s'en est-elle informée avec soin? d'ailleurs, l'autorité militaire aura-t-elle répondu sincèrement.
Je suis autorisé à élever ces doutes en lisant la lettre
écrite à ce sujet par le substitut du procureur du roi de
Nantes.

Me Janvier donne lecture de cette lettre.

Je vous demande s'il est possible de répondre plus à la
légère sur un point qui méritait d'être approfondi. Et ce
serait en se fondant sur une pareille pièce qu'on soutien-
drait que M. de Civrac et plusieurs de ses compatriotes
n'étaient pas menacés.

Qu'on ne vienne pas dire que l'existence des mandats
allégués, est une impossibilité en droit; que des individus
domiciliés à Beaupréau ne sauraient être arrêtés sans le
concours des magistrats de leur pays; un récent exemple,
qui ne datait que de cinq à six jours, montrait que bien
avant l'état de siége, la loi du sabre dominait en Vendée.
A deux lieues de Beaupréau, le 9 ou le 10 mai, M.
Dudoré père avait été saisi dans sa demeure par la troupe.
Son château avait subi les plus abominables dévastations,
il avait été saccagé et spolié. Je défie qu'on me conteste
ces faits: et il y a plus, M. Dudoré conduit à Nantes avait
à son entrée dans cette ville couru d'extrêmes dangers : des
femmes qui ne méritent point ce nom, d'atroces furies, des

harpies dégoûtantes, s'étaient ruées sur lui, avaient voulu le déchirer et le précipiter dans la Loire. Je défie encore que l'on me conteste cet événement, il est consigné dans les journaux du temps.

Une ordonnance du tribunal de Nantes, qui, comme on le sait, n'est pas large dans les procès politiques, a déclaré qu'il n'y avait aucun indice de culpabilité contre M. Dudoré père, dont provisoirement la maison avait été mise à sac, dont la personne avait subi d'affreux traitemens. Qu'y avait-il d'invraisemblable, que M. de Civrac, tout innocent qu'il était, ne fût soumis aux mêmes épreuves? Pourquoi ne l'aurait-on pas également arrêté sans motif? Qui de vous, messieurs, n'eût, comme lui, pris au sérieux l'avis qu'on lui transmettait, et j'incline à croire qu'il n'était pas dénué de fondement. Les personnes dont il émanait étaient des personnes sûres, incapables d'avoir peur et de donner peur sans raison.. Vous appréciez le sentiment qui porte M. de Civrac à ne point les nommer. Peut-être occupent-elles des positions qui seraient compromises?

M. l'abbé Gourdon vous a donné à ce sujet de précieux renseignemens.

Au surplus, il ne s'agit pas de rechercher l'existence plus que probable des mandats; mais la réalité des craintes qu'éprouva M. de Civrac et qu'il communiqua. Ici je vous rappelle dans toute leur force les déclarations que vous avez recueillies de M. le maire de Beaupréau et de M. Crucy-Devaux.

Me. Janvier a résumé ces déclarations et celles de M. l'abbé Gourdon.

On n'ira pas, continue le défenseur, jusqu'à supposer que ces bruits étaient un subterfuge de la part des intéressés. Même dans le système accusateur, ce subterfuge eût été absurde......

D'après cela, messieurs, il est avéré que, sinon ces mandats, au moins les sollicitudes de ceux qui s'en croyaient
menacés, ne sont point un prétexte inventé pour les néces-
sités du procès. M. de Civrac s'imagina fermement que sa
liberté était en péril. S'il eût suivi son inspiration, il se fût
rendu à Nantes pour s'expliquer avec les chefs militaires;
mais sa famille était sous l'impression des tentatives d'assassinat qui avaient assailli M. Dudoré. Sa famille, à
laquelle se joignit un des porteurs de l'avis, lui représenta
que la route était couverte de troupes; qu'il ne pouvait
voyager sans passeport; qu'il serait remis entre les mains
de la gendarmerie, et que celle-ci, déjà munie du mandat,
le conduirait à Nantes dans cet apareil de prisonnier,
qui provoquerait contre lui les excès dont frémissaient les
siens. Il y eut des prières, des larmes; il y céda; vaincu
par elles, il consentit à se cacher.

Mais il eût cru d'un lâche égoïsme, de faire son profit
exclusif des informations qu'il avait reçues. Il manda chez
lui MM. Moricet et Cathelineau, et il les engagea à l'imiter:
ils s'y décidèrent. Cette conduite de M. Cathelineau n'a
point de rapports nécessaires avec les projets dans lesquels
je présume, qu'il était engagé depuis deux ou trois semaines.
Il vivait dans l'expectative d'ordres sur la nature et l'époque
desquels il était incertain, et provisoirement il désirait se
mettre à l'abri de toute surprise. Il ne se cachait pas parce
qu'il était prêt; mais quoiqu'il fût prêt à s'insurger. Ces
deux faits étaient indépendans l'un de l'autre; et de ce qu'ils
concouraient en lui, il ne s'en suit nullement qu'il en fût
de même à l'égard de MM. de Civrac et Moricet.

S'ils se fussent cachés pour conspirer, ils auraient de
suite cherché le même refuge. Tout-à-l'heure je reviendrai
à M. Moricet, qui resta de son côté. Quant à MM. de Civrac
et Cathelineau ils s'en allèrent tous les deux; où? au château

de la Chapronnière, dont on fait une officine de complots? Non; mais au presbytère du plus pacifique de tous les curés, chez M. le curé de la Chapelle-Aubry. La manière dont ils s'y annoncèrent confirme de tous points les dé—clarations ultérieures de M. de Civrac. C'est le dernier asile qu'ils eussent choisi pour y ourdir des trames; il se seraient éternellement reprochés de compromettre un ecclésiastique désirant vivre hors des agitations de la politique.

C'était le lundi 14 mai, que MM. de Civrac et Ca-thelineau étaient arrivés au presbytère de la Chapelle-Au-bry : dès le mardi 16, au soir, Cathelineau s'en alla.

Il n'en dit pas le motif; mais M. de Civrac a lieu de penser qu'il y fût déterminé par un sentiment de loyauté. M. de Civrac lui-même vint à réfléchir qu'il était à charge au bon curé, qui, peut-être au fond du cœur, éprou-vait des inquiétudes qu'il dissimulait. D'ailleurs, le pres-bytère était une retraite peu sûre : M. de Civrac se déter-mina à en choisir un autre; vous savez par quels inter-médiaires il s'adressa à Guinehut. Il dit au curé qu'il allait se cacher à la Chapronnière, s'y cacher et pas autre chose ; car M. de Civrac répéta, près de partir, ce qu'il avait dit en arrivant ; M. le curé chargea Horeau d'aller trouver Guinehut, pour lui demander s'il voulait donner asile à M. de Civrac. Horeau fit sa commission.

M. de Civrac eût-il joué en quelque sorte le rôle de solliciteur, s'il eût su que la maison de Guinehut était à la dévotion de Cathelineau, si Cathelineau lui eût donné rendez-vous? Alors M. de Civrac n'eût pas sollicité l'hos-pitalité; il eût agi en maître ; il eût envoyé des ordres, et non des prières.

Je dois provoquer votre examen sur un fait très-remar-quable, consigné dans l'interrogatoire de Guinehut, à savoir que dès le premier instant qu'il vit M. de Civrac, celui-ci lui dit qu'il se cachait, parce qu'il y avait un mandat d'arrêt contre lui. L'accusation qui s'arme contre nous des interrogatoires de Guinehut, ne s'étonnera pas que nous veuillions les retorquer contre elle.

Ainsi, au curé de la Chapelle-Aubry, au fermier de la Chapronnière, M. de Civrac donnait la même raison : *Je me cache, parce qu'il y a eu un mandat contre moi ;* et quelqu'un aurait la hardiesse de soutenir que c'était là une feinte ! Mais M. de Civrac connaissait trop de loyauté et de dévoûment au curé pour ruser avec lui ; et quant à Guinehut, si M. de Civrac se fût rendu chez lui pour conspirer, il ne lui en eût pas fait un mystère, qui eût été impossible.

On s'étonne que M. de Civrac ait fixé son choix sur le château de la Chapronnière. Mais pourquoi pas celui-là aussi bien qu'un autre ? Vous ne serez pas dupes, messieurs, des descriptions romanesques que, dans les journaux et ailleurs, on a esquissé de ce château ; on l'a peint antique, immense, plein de retraites impénétrables ; enfin, un de ces sanctuaires du moyen âge, où s'est réfugié le génie de la féodalité, et où il conspire merveilleusement la ruine de l'ordre constitutionnel. Le château de la Chapronnière, m'a-t-on assuré, perd beaucoup de ses illusions quand on le voit. C'est une vieille maison délabrée, où il y a, à la vérité, des retraites ; mais elles n'ont pas le mérite de remonter aux croisades, elles sont modernes, très-modernes ; elles furent pratiquées, vous avez appris par qui, et pourquoi. Je ne sais si on n'a pas voulu voir dans leur établissement une preuve de la date du prétendu complot de Beaupréau. Elles remontent au commencement de l'année 1831, à ces jours les plus sinistres de la révolution de juillet, où la populace de Paris, non pas le peuple qui, quelques mois avant, avait glorieusement combattu, la vile populace, avide de destruction, de pillage et de meurtre, se ruait sur l'archevêché et sur les églises; certes, à une pareille époque, il était naturel que le curé Brouard et son père songeassent à préparer des caches pour sauver les personnes et les choses des irruptions de l'anarchie, qui était débordée, et qui ne fut contenue que par la main d'un grand ministre. Ne cherchez donc pas dans ces caches un élément, un préparatif du complot.

En ce qui touche M. de Civrac, dont cette digression m'a écarté, il avait été informé qu'à la Chapronnière il pourrait être en sûreté. Il n'y était jamais allé; mais sans connaître les dispositions du lieu, il jugeait qu'il y serait plus convenablement qu'au presbytère de la Chapelle-Aubry. Il y vint donc.

Mais, s'écrie-t-on, comment un homme paisible, inoffensif, va-t-il se réfugier dans un arsenal, dans une caserne de guerre civile....? rien de plus simple, parce qu'il l'ignorait. M. de Civrac ne voudrait pas dire un seul mot capable d'agraver la position de Guinehut, qui a été si généreux, si dévoué. Dans son extrême désir de donner l'hospitalité au marquis de Civrac, il lui déguisa la vérité. Il ne lui révéla ni les dépôts qu'il avait chez lui, ni les visiteurs nocturnes qui bivouaquaient dans la barge. Si M. de Civrac eût eu la moindre défiance de ces circonstances, il se fut bien gardé de mettre le pied à la Chapronnière. Il s'est souvenu qu'en entrant dans la cache où il couchait il avait été frappé par la vue des barriques. Il s'était empressé d'interroger Guinehut sur leur contenu, ajoutant qu'il ne resterait pas là où étaient des objets suspects. Guinehut l'avait rassuré en offrant de lui montrer qu'il y avait des surplis, des étoles, des effets qui n'avaient rien moins qu'un caractère belliqueux.

Je suis convaincu que si M. de Civrac eût été trouvé seul,

à la Chapronnière, y eût-il été rencontré au milieu de barils
de poudre, d'amas d'armes et de papiers de guerre, on ne
l'eût pas pris pour un conspirateur; mais on argumente
contre lui et M. Moricet, de ce que ce dernier est venu le
le rejoindre, accompagné de Cathelineau.

Je dois, dans l'intérêt de mes deux cliens, discuter cette
double objection : Vous n'oubliez pas en quelle position
j'ai laissé M. Moricet, jusqu'à la fin d'avril, ne s'étant
immiscé à aucune machination, et n'étant incriminé que
pour des relations innocentes. Apparaît-il qu'au commencement de mai, il ait eu davantage les allures de la conjuration? On prétend que les réunions chez lui devinrent
plus fréquentes et plus nombreuses. M. Moricet le nie
absolument. Il est même inexact de parler pour aucun temps
de réunions chez lui, c'est visites qu'il faut dire. Il en
recevait beaucoup, mais successivement et non simultanément. L'autorité a déclaré le contraire; l'autorité se trompe
souvent. Il n'y a rien de si menteur qu'un rapport de police. Quand on remonte à la source, on vérifie presque
toujours que son rédacteur a exagéré et dénaturé les faits.
Il résulte de l'instruction écrite, que le sieur Gourdou,
greffier de la justice de paix de Beaupréau, avait été indiqué comme le donneur des renseignemens. Ce témoin,
interrogé, déclara aussitôt qu'il avait vu plus ou moins souvent MM. de Civrac fils, Cathelineau, de Bouillé, Dudoré
fils, Kersabiec fils, venir chez M. Moricet, mais y venir
individuellement, et encore il a conjecturé bien des visites qui
n'ont pas eu lieu, car il les atteste, plutôt comme témoin au-
riculaire que comme témoin oculaire, il jugeait que ces
messieurs entraient chez M. Moricet, parce qu'après qu'il
s'était dirigé de ce côté, il entendait le portail s'ouvrir et
se fermer. De là, il induisait qu'ils étaient entrés : du moins
convient-il de ne pas étendre ces inductions au-delà de

ce qu'elles comportent. Les conciliabules ne sont racontés que par M. Perrin et le sous-préfet qui ne savent rien que par récits, et quand on remonte à l'origine de ces récits, ils perdent toute gravité.

Je demande où sont les témoins qui déposent de cette fameuse conférence, qui eût lieu un lundi du mois de mai, et au sujet de laquelle M. le sous-préfet aurait jugé convenable d'écrire à M. le préfet. Pas de doutes, que celle-là ne fut bien un conciliabule ; car elle coïncidait avec une émeute de Paris!

Messieurs, j'ai consulté le calendrier des émeutes, et j'ai trouvé le mois de mai vierge de troubles dans la capitale. Ce ne fut que dans le mois suivant qu'elle devint le théâtre de désordres si graves et si sanglans.

Je n'attacherais pas, je l'avoue, la plus légère importance au rapprochement dérisoire que l'on a fait, quand même il serait juste. Je suis assez sceptique en matière de conspiration pour ne pas en voir un symptôme dans un déjeûner qui s'est prolongé jusqu'à quatre heures du soir. Les conspirateurs, comme disait César, je crois que c'était lui, n'importe si mon érudition est en défaut, les conspirateurs d'ordinaire sont des buveurs d'eau, et je ne redoute guère des Brutus qui passent tant d'heures à table.

Mais c'est trop bien traiter cette anecdote de l'accusation de n'y voir qu'une plaisanterie, c'est une imposture. On n'a point banqueté insurrectionellement chez M. Moricet un lundi du mois de mai. Le lundi étant un jour de marché, on vient à la ville pour ses affaires, il y a plus de visiteurs chez M. Moricet ; mais il est faux, que douze, quinze et même vingt personnes s'y soient trouvées ensemble dans le mois de mai, ou plutôt jamais ces rencontres fortuites n'ont élevé le nombre au-dessus de trois ou quatre, qui n'ont pas passé des heures ensemble, tout au plus des minutes. Il y a dans tous ces ouï-dire, dont l'accusation est composée en grande partie, un degré d'impudence ou de crédulité qui révolte au dernier point. Le mot mensonge convient à ces fables officielles. Il me suffirait d'une circonstance pour me convaincre que c'est en effet une fable que la conférence du lundi de mai. Quoi! l'on ose sans se moquer de soi-même déclarer que pendant que l'aristocratie conspiratrice délibérait dans l'intérieur de la maison, la plèbe des coujurés se tenait dans la rue, attendant les résolutions de ses seigneurs et maîtres. Mais vous prétendez donc que ceux-ci étaient stupides..., Autant aurait valu tenir eux-mêmes conseil en plein air que d'ameuter à la porte cette foule curieuse et impatiente qui trahissait par sa présence les secrets du dedans.

Si pareil scandale avait été donné, je ne saurais comment qualifier la conduite des autorités de Beaupréau. Leur courage, leur discernement, me garantissent qu'elles auraient dissipé l'attroupement et saisi les conspirateurs en crime flagrant. C'eût été une niaiserie ou une lâcheté de tolérer tant d'audace et d'impudence, qui se concilient, assez mal d'ailleurs, avec les trames ourdies dans l'ombre et le silence, et sur lesquels a brodé l'imagination du ministère public.

On a dit, il est vrai, quelque part, qu'à la fin les carlistes de Beaupréau s'étaient enhardis, qu'ils annonçaient hautement leurs projets et leurs espérances, qu'ils prophétisaient aux campagnes l'infaillible rétablissement de Henri V, et qu'ils se faisaient un point d'honneur de prédire, en face du pouvoir actuel, sa ruine imminente; mais encore une fois, je sais que les fonctionnaires de Beaupréau ont trop la conscience et l'énergie de leur devoir pour avoir laissé ainsi outrager et défier le gouvernement, sans réprimer les auteurs de ces insultes et de ces provocations.

Le moins eût été d'en informer le préfet, le procureur-général, les commandans militaires, et cependant jamais il n'y a eu pour la police plus grande déconvenue que l'insurrection de l'Ouest. La police ne soupçonnait rien, elle n'avait que de vagues et banales indications; elle ne connaissait ni le temps ni le lieu du complot. La police a été mystifiée, comme jamais elle ne fut, par ces mouvemens de l'Ouest. Elle aurait droit d'adresser le reproche de félonie et d'incapacité aux fonctionnaires de Beaupréau, s'ils n'avaient pas recueilli et utilisé avec promptitude et efficacité les fanfaronnades des futurs rebelles.

Il n'y a eu rien de pareil à Beaupréau, et M. Moricet n'a nullement prêté par sa conduite à des soupçons de complot. Si l'on en eût organisé un à Beaupréau, sa présence eût été indispensable; il n'eût pas eu l'idée de voyager, tandis qu'il prit le 7 mai un passeport pour Paris, où le rappelait la liquidation de son cautionnement. Il est à regretter que ce voyage n'ait pas été effectué aussitôt; mais entre autres motifs qui le firent différer, fut l'intensité avec laquelle le choléra se reprit à sévir à Paris. Toujours est-il incontestable que M. Moricet avait manifesté l'intention de s'éloigner, ce qui est incompatible avec son métier de conspirateur permanent.

Il pensa qu'il serait imprudent de se mettre en route quand M. de Civrac lui eut fait part de l'avis qu'il avait reçu, relativement à des mandats lancés contre eux et Cathelineau.

J'ai déjà fait remarquer que s'ils s'étaient cachés pour conspirer, dès le premier instant il se seraient cachés simultanément à la Chapronnière. M. Moricet n'alla pas au presbytère de la Chapelle-Aubry; il resta chez lui; mais il eut soin de s'y tenir renfermé, et avait avisé aux moyens de prendre la fuite en cas de nécessité. Pourtant, ayant appris d'une manière indirecte et incertaine, qu'il se pourrait, que M. de Civrac se fût caché à la Chapronnière, il prit le parti de s'y rendre, et par surcroît de sûreté, et pour atténuer à M. de Civrac les ennuis de la solitude.

Mais, voici le grief principal: Cathelineau l'accompagna....

Sans doute ; et en cela quoi d'extraordinaire. . . . . Cathelineau était son meilleur ami, et de plus, Cathelineau était menacé du même danger. . . . . . M'objectera-t-on que je n'ai pas dénié qu'il complotât? Je proteste de rechef que je n'ai point fait cet aveu qui serait inexact; j'ai dit, ce que je répète, que Cathelineau était un fidèle exécuteur d'ordres lointains et supérieurs. Au lieu de l'avoir porté à se cacher, c'étaient ces ordres qui l'avaient, je le présume, déterminé à quitter sa première retraite. Pourquoi s'occupât-il d'en chercher une seconde? Parce que ce qu'on appelle le contr'ordre de l'insurrection était arrivé. J'ai le droit à mon tour d'invoquer la notoriété ; quand le contr'ordre s'est transmis du 20 au 22 mai, il le fut avec un caractère irrévocable. Malheureusement il ne parvint pas partout; il y eut des explosions. On se persuada qu'ils prouvaient un extrême enthousiasme ; et ce fut cette funeste erreur, qui fit reprendre une entreprise abandonnée du 20 au 30 mai. Si je ne craignais de compromettre d'autres accusés qui ne seront pas jugés par vous, qu'il me serait facile de confondre l'accusation ; de lui démontrer, avec évidence, qu'il y a eu sursis indéfini, sinon abandon éternel d'une prise d'armes dans l'Ouest, dans les jours où MM. de Givrac, Moricet et Cathelineau se trouvaient réunis à la Chaprônnière. Ils n'y étaient donc pas à conspirer.

Quand les deux derniers y sont-ils arrivés? Le 23 à minuit. Certes, c'eût été arriver trop tard pour préparer une insurrection, qui eût continué d'être fixée au lendemain ; c'eût été arriver trop tôt, remise qu'elle était au 4 juin. On a prétendu qu'il y avait eu remise extraordinaire au 28. . . C'est une date fabriquée pour la cause actuelle, uniquement pour elle; elle ne se trouve dans aucune procédure ; il n'a nulle part été question d'une fixation au 28. . . . Le sous-préfet de Beaupréau lui-même en mentionne trois, et rien que trois; dont la première est plusque problématique : le 4 mai, le 24 du même mois, et enfin le 4 juin. . . . . .

Le 23 mai, à minuit, c'eût, je le répète, été trop tard ou trop tôt pour donner le signal de l'insurrection.

Ce qui, dans ma conviction, est exclusif de la venue de MM. Moricet et Cathelineau, dans le but que leur prête l'accusation, c'est la manière dont il se présentèrent chez Guinehut. Ils demandèrent si M. de Civrac était chez lui, qu'est-ce à dire? qu'ils n'en étaient pas sûrs. . . . C'est bien là une question de fugitifs et non de conjurés, qui ne doutent jamais de leurs démarches respectives ; qui ont des lieux certains de ralliement.

Vous dirai-je encore ce qui me semble une preuve morale de non-conspiration ? c'est le peu d'empressement que ces MM. mirent à voir M. de Civrac. Ils attendirent au lendemain matin. Et l'on voudrait me faire croire à ce respect de conspirateurs, pour le sommeil de l'un deux, surtout quand on ne s'est pas vu depuis huit jours, lorsqu'on a tant de communications à se faire! En pareil cas, on ne dort ni on ne laisse dormir son complice.

Enfin, ce qui achève ma certitude du but pour lequel tous les trois étaient réfugiés à la Chapronnière, ce sont leurs discours et leurs actes. Guinehut n'a rien dissimulé : à force de l'interroger, on lui arrachait des réponses qui n'étaient pas conformes à la vérité. . . . Je pourrais le prendre en défaut sur bien des points. MM. de Civrac et Moricet peuvent être impunément généreux envers lui. C'est un honnête homme, le plus honnête qu'il soit possible de rencontrer; mais l'effroi de sa position, et les sincères et habiles préventions des juges, l'ont entraîné à des inexactitudes et à des exagérations : mes cliens les lui passent. Ils consentent à ne rien contester dans ses déclarations : ils se bornent à les expliquer les unes par les autres. C'est une méthode dont le ministère public reconnaîtra l'excellence.

D'abord il est un fait bien précieux, et que déjà j'ai signalé dans

9

tous ses interrogatoires, soit écrits, soit à l'audience : MM. de Civrac, Moricet et Cathelineau, lui ont toujours dit qu'ils se cachaient parce qu'il y avait un mandat contre eux.

Dès le 29 mai, Guinehut s'exprimait ainsi devant le juge de paix. (Ici l'avocat donne lecture du passage dont il s'agit.) Prenez garde qu'à ce moment, non plus que lors de son interrogatoire à Angers, le 30 mai, il n'avait point communiqué avec MM. de Civrac et Moricet, ils avaient été sévèrement séparés. Comment Guinehut eût-il deviné leur système de défense, s'il n'était pas conforme à la vérité? vous devez être frappés de cette remarque.

Essaiera-t-on d'en atténuer la force en insinuant que les réfugiés avaient voulu tromper Guinehut lui-même sur le motif de leur présence chez lui? Quoi! Cathelineau aurait eu cette dissimulation avec un homme qu'il avait rendu dépositaire de munitions, et qu'il avait initié à tout ce qu'il savait de l'insurrection plus ou moins possible et prochaine! Quoi! Cathelineau ne lui eût pas confié qu'il venait lui et ses deux compagnons pour établir leur quartier-général à la Chapronnière! Ces confidences étaient indispensables pour obtenir le concours de Guinehut : assurément on n'avait pas défiance de lui. On lui a dit qu'on se cachait pour éviter des mandats d'arrêt. Je n'imagine pas de plus grande démonstration de la véracité et de l'innocence de mes cliens, que cette explication donnée à une époque où ils étaient loin de prévoir qu'ils la donneraient en justice; et combien cette explication est-elle confirmée par la recommandation qu'ils firent à Guinehut de ne dire à qui que ce soit qu'ils étaient chez lui : voici les propres termes du fermier. (Ici le défenseur donne lecture de cette partie de l'interrogatoire.

Pourquoi ce secret tant recommandé, sinon dans le système d'une fuite et non dans celui d'un complot?

Si complot de leur part, si préparatifs de l'insurrection, ils se seraient mis en rapport avec leurs subordonnés, ils auraient eu des conférences avec les chouans que l'acte d'accusation a nommés *leurs gardes-du-corps*. Les chouans n'avaient pas la moindre idée que des personnages considérables fussent à quelques pas d'eux. Et ces hommes influens de leur côté s'abstenaient de toutes relations avec des hommes que pourtant ils eussent dû instruire et diriger.

En vérité, c'est se moquer de ces messieurs de soutenir qu'ils conspiraient; mais ils n'ont ni parlé, ni agi.... Ils sont restés sans communication avec le dehors. Mais il n'y a qu'au théâtre qu'on conspire de cette sorte, en conversant à trois clandestinement, et si clandestinement, qu'on ne fait pas un prosélyte.

On a parlé de la visite d'étrangers à la Chapronnière avant et après l'arrivée de M. de Civrac : ces étrangers n'ont été aperçus par Bondu qu'avant. Ce sont ceux qui apportèrent la poudre. Guinehut a toujours et positivement déclaré n'en avoir pas vu d'autres. Les indications données par lui se réfèrent aux signalemens fournis par Bondu. Du reste, messieurs de Civrac et Moricet n'ont point à s'enquérir ni à débattre relativement aux individus que Guinehut a pu recevoir chez lui.

M. de Civrac a vu son fils, M. Moricet son frère. Tant pis pour qui, dans cette double démarche inspirée par la sollicitude filiale et fraternelle, verrait une trace de complot. Je dédaigne répondre à de telles inductions. Le curé Brouard est venu aussi. Or, messieurs, c'est un grand conspirateur ; il a fait faire des caches pour y mettre ses chasubles, ses aubes, et il avait été assez criminel pour recommander le secret à Guinehut. C'est ainsi que le parquet argumente en 1833 ; et l'on ne comprend pas que le curé Brouard, sachant la retraite et les inquiétudes de MM. de Civrac, Moricet et Cathelineau, leur ait donné une marque d'intérêt toute naturelle, et soit venu leur offrir ses services ?

Vous entretiendrai-je de ce mystérieux inconnu que Guinehut appelait Joseph, en le reconduisant ; qui avait si grand peur
d'être rencontré par la troupe , qu'il voyageait en plein jour.

Bondu affirme que ce n'est pas une vision de sa part ; Guinehut, dans tous ses interrogatoires, lorsqu'il était le plus en
verve de déclarations , s'est écrié aux questions qui lui ont
été adressées sur ce point : *Quand vous me couperiez le cou , ,
je ne puis avouer un fait qui est faux !* et fût-il vrai, quoi de
plus indifférent? Au pis aller , ce serait un ami ou un parent
de ces messieurs qui serait venu les voir , et qui n'aurait
pas voulu être rencontré par les soldats, de peur qu'ils ne
découvrissent d'où il venait, et d'éveiller ainsi des soupçons
sur la Chapronnière. Mais en réalité il ne s'est pas présenté de
M. Joseph.

Le même Bondu a déclaré avoir aperçu Sinan rôder aux
environs de la Chapronnière; je le crois aisément : cela
lui arrivait souvent depuis plusieurs mois. Rien n'est
plus insignifiant , et c'est une dérision d'avoir trouvé là un
motif suffisant de connexité. On dirait qu'on s'est fait un plaisir ou un calcul de faire comparaître le marquis de Civrac
sur ce banc à côté du savetier Sinan. C'est de l'égalité, et sous
ce rapport nous ne nous plaignons pas; mais nous avons droit
de nous plaindre qu'on ait joint des procédures absolument
distinctes.

En voilà assez et trop sur les visiteurs de la Chapronnière. Il reste établi que MM. de Civrac, Moricet
et Cathelineau ont vécu dans l'isolement d'hommes qui
fuient et se cachent.

On veut tirer parti contre eux des conversations qu'ils
auraient eues avec Guinehut. Je ne sais jusqu'à quel point M.
Cathelineau était communicatif. Mais ce n'est pas le caractère
de MM. de Civrac et Moricet. J'affirme qu'ils n'ont que conver-
sé avec leur hôte. Guinehut l'avoue dès le premier instant :
interpellé par le juge de paix si ces messieurs causaient

avec lui, il répond : en passant le soir à côté de nous ,
ils nous souhaitaient le bonsoir. Au surplus, qu'auraient-
ils dit? seulement que le gouvernement allait bientôt
changer, et qu'ils ne resteraient pas long-temps cachés.
Mes cliens dénient avoir disserté politique avec Guinehut,
qui n'a jamais déclaré que les discours qu'il rapporte, lui
eussent été adressés directement. Devant les commissaires
de la Cour d'Angers, il n'a pas déclaré : ces messieurs
me disaient ; mais bien ces messieurs disaient : ce qui
contient en germe l'explication donnée à cette audience
par Guinehut, que, lorsque les réfugiés lisaient ensemble
les journaux, ils se faisaient part de leurs réflexions sur
le plus ou moins de stabilité du Gouvernement , sur sa
chute plus ou moins imminente ; mais ces réflexions dé-
cèlent-elles qu'ils étaient occupés à travailler à sa ruine?
c'étaient de ces réflexions comme l'on a en échange,
comme l'on en débat dans l'intimité, et, bien plus, en
public, dans les journaux, à la tribune. C'est ce qui se
répète tous les jours à droite et à gauche, en désir ou
en espérance de la légitimité ou de la république, et
pour cela, on ne conspire pas.

Dans le propos dont il s'agit, fût-il vrai, voyez-vous
indice d'une insurrection à l'œuvre? Des hommes qui
commentent les journaux, qui cherchent loin d'eux des
chances de renversement du pouvoir, ne songent pas à
opérer ce renversement par leurs propres manœuvres?
Ce dessein sortirait-il davantage d'un autre propos qui
serait personnel à M. de Civrac : un jour il aurait demandé à Guinehut s'il croyait qu'en cas de soulèvement ,
les jeunes gens de Jallais partiraient bien. M. de Civrac
n'a aucune souvenance d'une telle question émanée de
lui. Elle serait néanmoins possible : M. de Civrac a pu

avoir la curiosité de connaître l'état moral du pays ; mais s'il eût conspiré, cet état lui eût été bien connu à la veille de l'insurrection. Il n'en eût pas été réduit à demander au simple Guinehut, si le signal, qui serait donné de la Chapronnière, trouverait de la sympathie. N'est-il pas pitoyable d'admettre que M. de Civrac n'eût pas à l'avance sondé les dispositions du pays, s'il avait médité de l'insurger.

La question implique une ignorance qui est un critère d'innocence. Et comment en douter? Que n'ajoute-t-on pas que Guinehut lui ayant répondu que ces jeunes gens partiraient difficilement, M. de Civrac finit par dire *qu'ils feraient bien*, réflexion qui concorde parfaitement avec les habitudes et le caractère de M. de Civrac.

Ici l'avocat réfute ou explique les actes ou discours reprochés à ses cliens pendant leur séjour à la Chapronnière, puis il continue :

Je crois que le ministère public consentira à reconnaître que ce n'est ni dans les actes, ni dans les discours de mes cliens, que leur culpabilité apparaît. Mais elle résulte, prétend-il, des actes et des discours de Cathelineau par rapport à Guinehut.

À cet égard, il faut distinguer les époques. J'admets que vers la fin d'avril, Cathelineau ait employé vis-à-vis Guinehut des prières, des promesses, pour le déterminer à recevoir des poudres en dépôt; qu'à ce moment, il lui ait parlé d'une révolte du Midi; du retour de Madame la duchesse de Berri; des chances d'un succès rapide. MM. de Civrac et Moricet ne peuvent être responsables des choses passées en arrière d'eux et à leur insu.

Or, Guinehut (et ceci est digne de remarque) a toujours déclaré qu'après avoir obtenu son consentement à recevoir les poudres, Cathelineau ne le revit pas,

si ce n'est dans la nuit du 23 au 24 mai... Eh bien !
Cathelineau lui parla-t-il de rechef de conspiration, de récompense ?... non, messieurs, non ! devant vous
Guinehut a déclaré n'avoir reçu de Cathelineau ni confidence ni suggestion depuis la retraite de celui-ci au
château. Cathelineau avait donc changé d'idée ; c'était une
simple hospitalité dont il avait besoin et non plus d'une
complicité insurrectionnelle.

La conclusion est irréfragable. Tentera-t-on de l'énerver
par certaines instructions et certaines commissions que Cathelineau aurait données à Guinehut ? Je suis dans le vif des
objections du ministère public....

Trois incidens sont exploités par lui, que je discute successivement. Le premier se serait passé le jeudi 24 mai.
Cathelineau aurait prévenu dans la journée Guinehut que
dans la nuit suivante il viendrait quelqu'un faire des
cartouches, et Guinehut ayant déclaré qu'il ne s'en sou-
ciait pas, Cathelineau répliqua : *Ils emporteront la poudre
et iront en faire ailleurs.* Ce colloque est invraisemblable.
Quoi ! Guinehut qui avait chez lui la poudre en dépôt, qui
recevait les chouans la nuit, aurait eu peur ou scrupule
de laisser établir chez lui un atelier de cartouches !

La preuve que le pauvre Guinehut a cédé à l'effroi si
naturel et si excusable dans un accusé, c'est qu'ayant été
d'abord interrogé comme témoin, il répondit sous la foi du
serment (et un serment est chose redoutable et sacrée pour
le pieux Guinehut) que c'étaient les chouans ses habitués qui
avaient sans doute appporté les cartouches. Il ne prononça
nullement à ce propos le nom de Cathelineau.

C'est plus tard qu'il a changé de langage ; à cette audience
il est revenu à sa primitive déclaration. Comment Cathelineau eût-il pu annoncer à Guinehut qu'on viendrait à la
ferme pour fabriquer des cartouches ? Cathelineau ignorait
le lieu où était la poudre.

Si Cathelineau l'eût soupçonnée dans la maison, il aurait trouvé qu'elle était un asile peu convenable. Il savait la répugnance de M. de Civrac à se cacher là où il y aurait quelque chose de suspect, répugnance que M. de Civrac avait montrée dès son arrivée.

La conversation entre Cathelineau et Guinehut, dans la journée du jeudi eût-elle été tenue, rien ne prouve qu'elle ait été entendue par MM. de Civrac et Moricet. Prenez garde que c'aurait été dans un grenier immense et M. de Civrac était à l'extrémité; M. Moricet un peu plus rapproché, mais tous les deux éloignés, et la voix de Cathelineau, qui était à son ton ordinaire, n'a pu parvenir jusqu'à eux, surtout absorbés qu'ils étaient dans leur lecture.

Au reste, dans la pire des suppositions, Cathelineau eût-il conspiré en se cachant, est-ce à dire qu'il se cachait pour conspirer?... Vous appréciez la différence : elle est capitale au procès. Il faut qu'il y soit démontré que les trois réfugiés de la Chapronière y étaient venus pour comploter à leur aise, et non pas seulement que l'un d'eux continuait à s'y occuper d'un complot antérieur à la fuite commune, dont il n'était pas la cause, et dont elle n'était pas le moyen.

Toutes les argumentations du ministère public n'atteignent point au résultat où il doit tendre ; que les habitans passagers du vieux manoir s'étaient réunis dans leurs mystérieuses retraites, comme les trois libérateurs de la Suisse au milieu des montagnes.

Ces réunions qui précèdent les grandes entreprises sont courtes, brusques, décisives.... Des conspirateurs ne passent pas des journées ensemble pour lire, parler, manger, dormir et s'ennuyer par-dessus tout. Du mouvement, de l'action, voilà ce qui les caractérise et les décèle.

Je m'écarte de l'objet de la discussion actuelle, les trois incidens auxquels l'accusation attache sa destinée.

Je ne parle plus du premier, réduit à sa juste valeur, je passe à un second, l'apport des quatre pistolets trouvés dans le caveau.

N'est-ce pas la preuve, s'écriera-t-on, que Cathelineau s'apprêtait à l'insurrection puisqu'il se faisait appporter ses armes? et nul doute qu'il ne l'eût ordonné puisqu'il en prévint Guinehut le vendredi au matin. Mais ne conçoit-on pas que l'ordre, quoique ne s'exécutant que dans la nuit du samedi au dimanche, remontât à une époque antérieure au sursis indéfini des projets auxquels Cathelineau aurait été associé? Ne conçoit-on pas que l'achat de ces pistolets, ayant été consommé, il ait accompli le marché et donné à Guinehut l'argent nécessaire pour les payer aux vendeurs ou aux commissionnaires.

En tout cas, MM. de Civrac et Moricet, de l'aveu de Guinehut, n'assistaient point à cette seconde conversation, et en leur faveur ne cesse de s'élever cette considération que, quoi qu'ils ne songeassent qu'à se cacher, Cathelineau, qui était réuni à eux dans ce but, pouvait poursuivre, à part lui, les préparatifs auxquels ils n'ont point participé.

Ici s'offre à ma pensée une remarque frappante. On pretend que Cathelineau était déjà muni de ses armes pour la guerre civile. A-t-on trouvé son épée de commandement? A-t-on trouvé à ce lieu, qu'on signale son quartier-général, quelque marque de distinction de grade, quelque cocarde, quelque drapeau?

Ni lui, ni ses deux compagnons n'étaient équipés pour aller en guerre. Ils portaient le costume le plus pacifique, le plus bourgeois; ils étaient en redingote; leurs vêtemens n'avaient pas la couleur vendéenne. En verité, leur costume seul indique qu'ils n'étaient pas des chefs se tenant à leur poste et prêts à se montrer, pour se mettre à la tête des insurgés. MM. de Civrac et Moricet étaient vêtus comme ils sont devant vous. A l'égard de Cathelineau, le procès-verbal dressé après sa mort contient une description de sa dépouille. Cathelineau ne portait que des chapelets, des scapulaires; à la vérité, dans ses idées à lui c'était être armé à sa manière, mais c'étaient des armures pour la grande expédition de l'éternité.

Il ne reste plus qu'à réfuter les présomptions qu'on veut faire dériver de ces bons où mandats, de ces feuilles imprimées dont un paquet a été découvert à la Chapronnière.

Dans la naïveté du récit de Guinehut se trouve la démonstration la plus complète que Cathelineau avait déserté toute idée d'insurrection, lorsqu'il était à la Chapronnière. Il avait appris qu'un paquet, depuis son départ, était arrivé chez lui. C'était le vendredi : Guinehut allait à Beaupréau; Cathelineau lui dit d'entrer chez lui et d'y rendre le paquet. Guinehut s'acquitta de la commission : il vous a décrit la forme, la grosseur, l'aspect de ce paquet. La manière dont se conduisit Cathelineau atteste qu'il en ignorait le contenu. Il s'empressa de défaire un peu l'enveloppe pour voir ce qu'elle renfermait; en y jetant un rapide coup-d'œil, il entrevit ce que c'était, et répondit, soit à M. de Civrac, soit à M. Moricet : *Ce sont des mandats*. Ceux-ci n'en demandèrent pas plus long. Cela ne les regardait pas. Le silence qu'ils gardèrent, l'absence de toute curiosité et de toute investigation de leur part ne vous inspirent-elles pas la conviction qu'ils étaient étrangers aux projets que ces mandats concernaient. Mais bien plus, si Cathelineau s'y était immiscé, il les croyait tellement avortés, qu'il s'écria : *Nous n'avons pas besoin de cela;* et il y eut autant de dédain dans le geste que dans la voix. Cathelineau repoussa le mystérieux paquet, en ajoutant : cela ne sert à rien; cachez-le! détruisez-le!.... Ce n'était plus dans la pensée de Cathelineau que des papiers inutiles,

que des feuilles de chêne, et non plus des instrumens de
guerre civile. Dans cette scène dramatique éclate la situation d'esprit de Cathelineau, tout dépité qu'il était d'un
désappointement... Il croyait que dans son paquet il y avait
quelque chose; ce n'étaient que les chiffons d'une entreprise manquée, et dont il ne prévoyait pas la résurrec-
tion.

Mais s'obstinât-on, malgré l'évidence, à soutenir que
Cathelineau voulait utiliser ces mandats, se reproduirait, dans
toute son énergie ma distinction que Cathelineau était un
conspirateur, quoiqu'il se cachât, et non parce qu'il se
cachait.

Si MM. Moricet et de Civrac eussent été de tous points
de concert et en communauté avec lui, ils ne lui auraient pas
laissé la manutention exclusive de toutes les choses appropriées
à l'insurrection. Il y aurait eu entre eux coopération; c'est
toujours, c'est uniquement Cathelineau qui s'est mis en
avant, et qui a donné des instructions à Guinehut, lui seul
aurait donc conspiré. C'est la conséquence à laquelle je suis
conduit perpétuellement.

Vous remarquerez, MM., que je ne prétends pas que le con-
texte des mandats ne soit probatif d'un complot, ayant pour
but l'insurrection de la Vendée; mais le paquet venait de la
même source que la poudre; d'Angers, de Nantes surtout.
C'est de ce côté que le complot avait son point de départ;
de là partaient les ordres, les munitions, ce qui met
de plus en plus en lumière que Beaupréau subissait une
influence étrangère à ses notabilités. On s'était bien adressé
à quelques-unes, mais non à toutes; et, dieu merci, MM.
de Civrac et Moricet n'avaient pas été en position de refuser
leur assistance. N'est-il pas absurde et abominable de
les considérer comme complices, parce que le hasard a fait
qu'en leur présence, leur compagnon de fuite a reçu un envoi
d'une nature insurrectionnelle. J'imagine, messsieurs, avoir

démontré de la manière la plus victorieuse, que la présence
de MM. de Civrac et Moricet à la Chapronnière, ne révèle
nullement des projets de conspirateurs, et qu'ils sont restés
en dehors de ceux auquels M. Cathelineau aurait pu se prêter
avec une fidélité passive.

Aussi deux ou trois jours encore et M. Moricet allait se
rendre secrètement à Angers, pour effectuer son voyage à
Paris, et M. de Civrac allait rentrer paisiblement dans
sa famille. Ils commençaient à se rassurer sur les suites du
mandat d'arrêt ; mais par malheur leur retraite fut découverte.
Comment le fut-elle ? Je ne sais si vous avez été frappés de
certain passage de l'acte d'accusation, où il est dit expressément : Le 27 mai, l'autorité militaire ayant été informée qu'un rassemblement de chefs carlistes devait avoir
lieu au vieux château de la Chapronnière, elle s'y porta
et le fit cerner de toutes parts. Ne dirait-on pas que c'est
la vigilance et le courage de l'autorité qui a empêché une
explosion terrible ; elle voulut sans doute se donner ce
mérite ; je le lui conteste. Aux témoignages de quelques-uns
de ses membres, j'oppose les rapports officiels et confi-
dentiels qui, depuis peu de temps, ont été joints à la procédure.

L'avocat s'est prévalu de ces rapports, desquels il ré-
sultait que les soupçons sur le château de la Chapronnière
auraient été éveillés par l'achat de quelques provisions chez
un boucher ou chez un épicier.

Ainsi, c'est un événement vulgaire qui a inspiré des
soupçons à l'autorité ; mes cliens lui portent le défi de
prouver ces téméraires et vaniteuses asertions, que, sans sa
prompte intervention, le château de la Chapronnière allait
devenir une sorte de château fort, où allaient affluer les
chefs et les soldats de l'insurrection.

On devrait y regarder à bien des fois avant de se faire
les honneurs d'une conspiration découverte.

Le château de la Chapronnière eût conservé sa solitude et son silence dans la journée du 27 mai, si les gendarmes et la troupe de ligne n'y fussent pas arrivés. Or, que s'y est-il passé ? J'approche, messieurs, du funeste épisode de ce procès.

L'avocat a suspendu la plaidoirie à cet instant, et après avoir rappelé ses dernières paroles relativement à la Chapronnière, il reprend à peu près en ces termes :

J'éprouve le besoin de m'y jeter aussitôt, et c'est pourquoi je ne m'arrête pas à ces tortures, à l'aide desquelles on voulut arracher à l'honnête Guinehut, les secrets de son hospitalité. Je ne veux point exciter l'indignation sans nécessité pour ma cause; mais je trahirais tous mes devoirs, si je ne démontrais que mes cliens et leur malheureux ami, au moment où ils ont été découverts, n'ont point déployé le désespoir insensé et furieux de conspirateurs surpris dans leur repaire; que nul des trois n'a tenté d'user d'armes, qu'il n'avait pas en sa possession, et que celui qui a été si cruellement mis à mort, l'a été sans aucune provocation de sa part. Plus cette partie de la discution est irritante, plus j'y mettrai de calme et de méthode. Quand j'ai conscience d'une vérité qu'il faut dire, et qui est destinée à heurter les hommes ou les idées du pouvoir, je n'ai pas besoin d'appeler à mon secours la passion. J'ai cette fermeté qui ne s'emporte ni ne s'effraie; j'espère vous en donner aujourd'hui une preuve solennelle.

MM. de Civrac et Moricet peuvent se prévaloir devant vous d'avoir raconté, avec une constance et une concordance parfaite, l'homicide de Cathelineau; dans tous leurs interrogatoires, ils ont répété exactement les mêmes détails que devant vous. Partout et toujours ils ont affirmé sur l'honneur; et quand de tels accusés engagent leur honneur on peut les croire; ils ont affirmé qu'aucune sommation ne leur avait été adressée; et que Cathelineau n'avait commis aucun acte d'aggression.

Mᵉ Janvier a parcouru les divers interrogatoires de MM.
de Civrac et Moricet, et il a aisément démontré que ses
cliens avaient persévéré avec force et clarté dans leurs déclarations primitives. Cette unité de langage se rencontre-t-elle
au même point dans les déclarations de leurs principaux
contradicteurs, le lieutenant Regnier et le lieutenant Mazion?
De simples lectures vont suffire pour vous prouver quelles
variations avec eux-mêmes et quelles dissidences entre eux.

Je prends d'abord leurs dépositions devant le juge de
paix, le lendemain de l'événement.

Le premier qui fut entendu fut M. Mazion, et vous
n'avez pas oublié que de ce témoignage résultèrent deux
points; que M. Mazion aurait vu, après la trappe levée par les militaires, un individu apparaître monté
sur l'échelle; mais M. Mazion n'aperçut point qu'il fût
porteur d'une arme à feu, seulement il présume qu'il en
avait une.

Le second point plus saillant, c'est que M. Mazion
reconnaît expressément n'avoir fait de sommation qu'après
l'explosion des fusils.

Eh bien! je mets en regard la première version de
M. Regnier. (Ici le défenseur donne lecture de la déclaration de Regnier.) Ainsi, M. Regnier révendique pour
lui l'honneur d'avoir porté le coup mortel. Je ne le lui
dispute pas : mais ce que je lui dispute, c'est d'avoir si
distinctement vu ce qui a échappé aux regards de M. Mazion : ce que je lui conteste, c'est que celui-ci ait fait les
sommations préalables, qui, suivant M. Regnier lui-même, sont exigées par la loi.

Je me dispense, Messieurs, d'insister sur la contradiction; elle est flagrante. Si du moins, et M. Mazion et
M. Regnier avaient persisté dans leurs allégations respectives! vous allez en juger... devant M. le commissaire de la

Cour , M. Mazion s'est exprimé en ces termes : (Ici M᷄ Janvier
donne lecture de cette déclaration.)

Deux choses , messieurs , me frappent dans cette déclaration , savoir : Que M. Mazion ne dépose plus comme
témoin oculaire de l'apparition de Cathelineau au haut
de l'échelle ; que , sous ce rapport , il favorise moins encore qu'il n'avait fait les allégations du lieutenant Regnier ;
mais, en revanche, il annonce avoir fait des sommations réite-
rées et retentissantes avant même l'ouverture de la trappe.
Plus de deux mois déjà s'étaient passés ; il y a eu confusion dans
les souvenirs de Mazion : et la preuve s'en trouve dans le second témoignage de M. Regnier : (Ici lecture de ce second
témoignage.

Il est certain que M. Regnier maintient ici avec une
précision nouvelle, la circonstance du coup de pistolet tiré
par Cathelineau, mais il s'abstient d'affirmer ce fait non moins
essentiel des sommations, auquel il s'était, la première fois, si
complaisemment attaché.

Je regrette vivement son absence volontaire de ces débats.
Elle énerve mes attaques contre son témoignage. Je veux être
généreux envers lui.

Déjà l'arrêt de la Cour l'a frappé d'une condamnation
dont chacun , messieurs , a compris la gravité morale. Il
n'est pas venu, parce qu'il n'a point osé venir.... Il a craint
une confrontation , qui eût tournée à sa confusion.

Il n'eût pas été seulement démenti par les accusés ; il l'eût
été à plusieurs égards par le lieutenant Mazion. . . . Je conçois qu'il se soit effrayé des résultats de cette lutte : c'est un
fugitif ; je ne serai point cruel envers lui ; dès l'origine il a
montré quelles frayeurs étaient les siennes. Il s'est bien gardé
d'eproduire pour témoins, devant le juge de paix, ses propres
soldats. Ils auraient révélé à la justice ce qu'ils s'en allaient
raconter dans tout le pays, que Cathelineau avait été *assassiné*. . . .

C'est le mot, vous le savez, dont ils se servaient vis-à-vis les témoins qui vous l'ont rapporté.....

Le ministère public a signalé comme une incurie dans la procédure, de n'avoir pas entendu un seul des soldats qui avaient assisté à la catastrophe. Une incurie vaut mieux qu'une déloyauté, et n'en était-ce pas une de n'avoir fait citer à cette audience d'autre soldat que celui qui avait été le complice du lieutenant Regnier?

Au reste, Messieurs, ce reproche que je lance au ministère public ne s'adresse pas à M. l'avocat-général, il va jusqu'au chef de ce parquet, qui a fait, il y a quinze ans, comme président d'une Cour prévôtale, de si terribles preuves de son expérience en procédure criminelle.

Après des analyses raisonnées de divers témoignages, l'avocat a repris :

On a senti que les témoignages soutenaient mal le système officiel sur la mort de Cathelineau : on a essayé de prouver par des faits matériels qu'elle avait été une représaille.....

On a exhumé en quelque sorte le cadavre de la victime, on a compté, on a décrit ses blessures, et on a prétendu établir qu'elle avait été frappée au moment où elle levait le bras pour tirer un pistolet. Je n'entends pas contredire le procès-verbal des médecins qui ont procédé à un examen scrupuleux, et qui en ont inféré que, lorsque Cathelineau avait été atteint par la balle mortelle, il avait le bras placé horizontalement à la hauteur de l'épaule. Cette position me paraît naturelle dans un individu qui monte une échelle, s'attache avec la main gauche et étend la droite ; surtout Cathelineau a dû faire ainsi pour mettre son geste en harmonie avec son cri ; instinctivement, il aura levé le bras vers les assaillans en signe de protestation, instinctivement il aura avancé son bras, et en aura fait comme un bouclier, pour écarter les canons de fusils courbés et menaçans vers lui.

Il n'y a pas la moindre conséquence à tirer de l'autopsie, contre les explications de mon client. L'autopsie les confirme et ne les repousse pas.

Il faut que le ministère public renonce à ce moyen de faire servir le cadavre du malheureux Cathelineau en guise de témoin contre lui.

On a tenté de prouver par voie de syllogisme, et qui plus est, de syllogisme mathématique, que Cathelineau avait tiré le premier. En effet, a-t-on dit, trois coups d'armes à feu ont été tirés; or, les militaires n'en ont tiré que deux, donc il en a été tiré un par Cathelineau, et ce ne peut être que le premier. La conclusion est logique; mais je nie les prémisses.

Rien n'est plus douteux que le nombre des détonnations entendues : les témoignages à cet égard, sont aussi vagues, aussi contradictoires que possible.

Faut-il vous les relever ?

Voudra-t-on prendre l'accusé Guinehut pour arbitre ? Sans doute, dans son interrogatoire devant le juge de paix de Cholet, il aurait avoué trois coups de feu ; mais avant cet interrogatoire, dans sa déposition en qualité de témoin, il avait spontanément déclaré qu'il n'y avait eu que deux coups de tiré. Aujourd'hui il revient à sa déclaration originaire.

Du reste, messieurs, ce qui me surprendrait, c'est qu'il y ait unanimité et persévérance dans les assertions sur ce point, qui n'est pas susceptible d'avoir été constaté avec certitude. Il est impossible qu'on ait pu distinguer parfaitement s'il y avait deux ou trois coups de fusil tirés, tant ils se sont succédés rapidement. A bien dire, ils se sont confondus, et les oreilles les plus subtiles et les plus analytiques ont été hors d'état d'en faire l'énumération.

C'est une prétention dérisoire d'avoir voulu porter la rigueur mathématique dans l'argumentation dont je ruine la
proposition fondamentale. La majeure fût-elle vérifiée infailliblement, la mineure ne le serait pas. Qui assure que les
militaires n'ont tiré que deux coups; qu'ils n'en ont pas tiré
trois? Qui? Le lieutenant Regnier. . . .

Il n'y avait qu'un moyen de constater combien de coups
avaient été tirés. C'était à l'instant même de procéder à l'examen de tous les fusils. Mais on s'est bien gardé de cette consta-
tation; on a voulu laisser les choses dans le doute, parce que le
doute permettait de parler plus tard suivant ses intérêts.

Ce qui me porterait à penser que plus de trois coups ont été
tirés, c'est que quelque part, dans la procédure, j'ai lu qu'un soldat
se vantait lui aussi d'être le tueur en rivalité avec son lieutenant . . . Plus tard, il est vrai, cette concurrence a cessé,
parce qu'on a compris qu'il n'y avait pas de gloire à fusiller,
à bout portant, un homme désarmé. Bien plus, quand cette espèce d'enivrement, que causent les vapeurs du sang, a été dis-
sipée, chacun a décliné la responsabilité d'un acte, pour le
moins, d'une cruelle imprudence.

Insistera-t-on sur ce que les pistolets trouvés dans le caveau
sont des témoins muets; qu'un d'eux ne peut être récusé; qu'il
portait l'empreinte d'une amorce récemment brûlée? C'est faux:
et si cela eût été on eût de suite dressé procès-verbal, après un
examen par un armurier. On a menti en alléguant que MM. de
Civrac et Moricet avaient été mis en demeure de reconnaître
la trace accusatrice contre Cathelineau.

Apparemment si celui-ci eût tiré un coup de pistolet, c'eût
été pour faire du mal et non-seulement du bruit. Le pistolet
eût été chargé, et il eût été facile de retrouver la bourre et la
balle dans le grenier. . . . Pourquoi n'avoir rien cherché?
Parce qu'on savait qu'on ne trouverait rien.

L'état des pistolets démontre qu'ils n'ont pas été tirés.. Deux
étaient encore chargés: les deux autres ne l'étaient pas. Eh

bien, Guinehut, dès l'origine, dès son premier interrogatoire, à un instant où il ne pouvait calculer l'importance de sa déclaration, Guinehut, malgré les insinuations auxquelles il était livré, explique que ceux qui lui apportèrent les pistolets, répondirent sur sa demande, que deux étaient chargés ; que deux ne l'étaient pas. Assurément ces individus savaient à quoi s'en tenir ; et qui oserait, dans cette circonstance attaquer les déclarations de Guinehut qu'il a reproduites à Angers et à Orléans, toujours avec la même franchise et la même force.

Combien surtout leur sincérité n'a-t-elle pas été confirmée par le lieutenant Mazion. Au moment où MM. de Civrac et Moricet étaient encore dans le caveau, il leur demanda s'ils avaient des armes avec eux : ils répondirent qu'ils n'en avaient pas. Auraient-ils fait cette réponse s'ils avaient connu que les pistolets étaient à côté d'eux ; eussent-ils risqué un mensonge qui allait être immédiatement et infailliblement découvert ? Quoi qu'il en soit, Guinehut, en entendant ce colloque, se hâta de crier qu'il y avait dans le caveau des pistolets, deux chargés et deux qui ne l'étaient pas. Il fit plus : il indiqua quelle place ils occupaient. Le lieutenant Mazion, y étant descendu, trouva les pistolets exactement là où Guinehut avait dit ; il les trouva disposés soigneusement à côté les uns des autres ; il les trouva à l'état de repos, le *couvre feu sur le bassinet.*

Plusieurs d'entre vous, messieurs, n'ont pu s'empêcher de tirer publiquement la conséquence de ces faits ; M. le président lui-même s'est abandonné à une consciencieuse expression de sa pensée. . . .

Dès cet instant, le ministère public a renoncé à soulever la moindre objection relative à la mort de Cathelineau. L'auditoire n'a pu rester mpassible, et de toutes parts on a entendu murmurer : *La mort de Cathelineau est un meurtre!*

Je ne dois rien vous taire ; Regnier d'abord l'a confessé ;

ce fut la découverte des pistolets qui lui suggéra l'idée de légitimer la mort de Cathelineau, en le représentant comme l'agresseur. En sortant de la cache souterraine, MM. de Civrac et Moricet reprochèrent, de la manière la plus énergique, au lieutenant Regnier, son action; ils la nommèrent ASSASSINAT...

Un officier français auquel on jette un mot semblable, ne doit avoir rien de plus pressé, que de s'en défendre comme d'une affreuse calomnie. Il doit bondir d'indignation et de colère. Le lieutenant Regnier se borna à répondre, *qu'il avait ses ordres!* . . .

C'était témérairement s'avancer; s'il eût persisté dans cette justification, nous lui eussions demandé l'exhibition de pareils ordres. J'affirme qu'ils n'ont pu être donnés. Si on avait l'insolence de prescrire le crime à l'armée, oh! l'armée n'obéirait pas; pour l'armée, il est quelque chose au-dessus de tous les ordres. . . . c'est l'honneur. La discipline militaire ne va pas jusqu'à abolir la conscience. De tous ces braves et loyaux militaires qui m'écoutent, il n'en est pas un seul qui ne se révolta, contre le commandement de tuer des hommes, si ce n'est dans le combat; et qui ne repondît: « Je n'emploirai mes armes qu'à choses faisables! Il n'y a pas de puissance capable de me contraindre au crime. »

Pour ne pas être dans l'obligation de montrer des instructions chimériques, le lieutenant Regnier éprouva le besoin de se persuader à lui-même, qu'il n'avait agi que par représailles, et la découverte des pistolets, lui donna prétexte d'inventer une fable dont sa conscience et l'autorité ont pu être dupes; mais la justice ne saurait l'être. Elle ne l'a pas été, même à Angers; j'en trouve la preuve écrite dans le silence de l'acte d'accusation sur une agression quelconque de la part de Cathelineau: sa mort est racontée avec un laconisme significatif. Le ministère public n'essaie pas même de pallier cette mort: il n'eût pas manqué d'en dire la cause, si cette cause eût été légitime. Il est honorable au ministère public, de n'avoir pas voulu souiller sa main, ni en cette enceinte sa voix, par un affreux mensonge. Il ne pouvait, il est vrai, donner un démenti positif aux récits officiels ; il a concilié la prudence et l'honneur : il a glissé sur cette circonstance embarrassante. Encore une fois, la prétention est un aveu implicite, que mes cliens ont dit la vérité ; le système contraire au leur, est un tissu d'absurdités que nul ici ne voudra dévorer.

Qui se résignerait à croire que les réfugiés de la Chapronnière, dans la prévoyance d'être assaillis dans leur retraite, avaient résolu d'en défendre l'entrée les armes à la main... Et de quelles armes se fussent-ils munis à cet effet ? De quatre pistolets, dont trois tout au plus auraient été chargés ; ils n'en auraient apporté qu'un seul, dans les lieux où ils se tenaient d'habitude. . . .

Qui croirait, qu'en supposant cette extravagante résolution, et ces misérables moyens de l'exécuter, il n'y eussent point renoncé, en voyant arriver une troupe nombreuse ? qui croirait, qu'en les entendant marcher au-dessus de leurs têtes, découvrir la trappe mystérieuse, et sommer ceux qui étaient dessous, de se rendre, ils eussent méprisé cet appel salutaire ? qui croirait que de l'aveu des trois, un d'eux eût poussé, je ne dirai pas la témérité, je ne dirai pas le délire, je ne crois pas exagérer en parlant de stupidité, jusqu'à monter à l'échelle, brandir un pistolet, élever la tête au milieu des baïonnettes croisées, et des canons ajustés, et lâcher un coup qu'il n'aurait pris la peine de diriger contre personne ? Le lieutenant Regnier, dans ses déclarations judiciaires, n'a pas exalté les dangers qu'il a courus, autant qu'il semblerait l'avoir fait à ses chefs. Dans un rapport de son colonel, au général de la division, j'ai lu, avec un sentiment que je ne dirai pas, que M. Regnier n'avait échappé que par miracle à la rage de Cathelineau ; que la balle., cette fameuse balle, qui s'est évaporée, lui avait rasé la tête, je crois même effleuré les cheveux ou les favoris : aujourd'hui, Cathelineau l'aurait lancée pour agiter l'air, pour le seul plaisir de tomber aussitôt frappé de balles plus efficaces que les siennes. Et c'est à des hommes de bon sens et de bonne foi que l'on présente des suppositions pareilles ! Et l'on s'étonnerait que sur leurs siéges de juges ils se soulevassent d'incrédulité et de mépris !...

Ah ! malgré mes promesses, j'ai peine à me contenir dans le calme de la discussion. Je l'ai promis, j'y resterai ; mais j'achève la série de ces impossibilités physiques et morales, qui s'élèvent contre l'acte imputé à Cathelineau. . . .

Il est retombé au pied de l'échelle ; la trappe s'est refermée sur lui ; ses compagnons, ses amis, sont plongés dans une obscurité qui ajoute à l'horreur de leur position : et l'on voudrait que dans le trouble de leurs idées, au milieu des ténèbres, entraînés par un mouvement instinctif à se dérober à la mort qui planait au-dessus de leur tête, ils eussent fait la réflexion qu'ils seraient traduits devant une Cour d'assises ; que là, on argumenterait contre eux de leurs manifestations hostiles ; qu'il fallait de suite se créer un plan de défense, et afin de ne pas laisser contre eux, pour pièce de conviction le fatal pistolet, ils l'auraient minutieusement cherché ; ils l'auraient arraché de la main convulsive qui le pressait encore ; ils auraient eu le temps et le soin d'effacer le sang dont nécessairement il était couvert ; ensuite ils l'auraient emporté avec eux dans la partie inférieure de l'édifice ; et enfin, ils seraient allés le remettre symétriquement à côté des trois autres.... Quoi ! quelqu'un admettrait ces miracles de sang-froid, d'adresse, d'astuce ! Je ne vous le dissimule pas, j'ai l'orgueil de croire qu'en ce moment je domine toutes les convictions.... Ma voix s'élève terrassante des objections qu'on a osé soulever. De cette hauteur où m'a élevé la plus simple logique, redescendrai-je à un incident presque sans importance, et sur lequel, comme pour distraire l'attention, le ministère public a disserté? . . . Il a soutenu que MM. de Civrac et Moricet connaissaient le caveau où ils ont été trouvés, et qui servait de magasin à la poudre, aux bons de fournitures, aux pistolets, à tous les objets suspects. . . .

Mes clients pourraient impunément confesser qu'ils savaient ce réduit; mais ils l'ignoraient. On leur oppose la déclaration de la femme Guinehut; cette femme s'est livrée à une conjecture erronée, en disant qu'ils étaient instruits de l'existence du caveau; mais prenez garde qu'elle ajoute qu'ils n'y étaient jamais entrés, ce qui confirme leur assertion, loin de l'affaiblir. S'ils n'y avaient jamais pénétré, ils ne soupçonnaient donc pas quelles choses ils recélaient. Comment admettre qu'ils eussent cédé aux sollicitations de la femme Guinehut, s'ils avaient été initiés aux dépôts que recélait cette dernière cache? On s'attache à des minuties, à des trivialités, dans un débat si grave : on n'a pas dédaigné de parler de cette table placée au milieu du caveau, sur laquelle on aurait trouvé, à moitié vide, une bouteille de vin. Quelle autre invraisemblance d'induire, que les hôtes de la Chapronnière allaient boire et manger sous terre et non dans les réduits supérieurs, comme il est constant qu'ils le faisaient. La bouteille était vierge, lorsque les soldats y entrèrent; ce sont eux qui, les premiers en ont fait les honneurs; et d'avoir cédé à cette tentation, n'est pas ce que je blâme; c'est d'avoir dénaturé les plus chétives circonstances pour en tirer des preuves de complot.

J'ai regret, dans mon désir de ne rien laisser sans réponse, de m'être préoccupé comment et pourquoi MM. de Civrac et Moricet ont cherché un dernier asile dans ce caveau. On conçoit leur hésitation à en sortir; on conçoit qu'ils aient préféré attendre, comme dans une fosse, la mort dont ils se croyaient menacés. Enfin, quand ils crurent aux protestations du lieutenant Mazion, rappelez-vous quelles qualifications ils donnèrent à ceux, à la merci desquels ils étaient. Il fallut l'audace que donne la vérité pour faire entendre des noms provocateurs, des noms qui pouvaient leur attirer la destinée de leur ami. Les rôles, à cet instant solennel, étaient intervertis en vertu de cette autorité morale, qui naît de la conviction et de l'innocence. Les prisonniers lançaient d'irréfragables accusations à leurs gardes consternés et balbutians. Mes clients s'exprimèrent avec cette exaltation consciencieuse, dont chacun de nous eût tréssailli à leur place... Cependant, je ne serai pas sévère : si le lieutenant Regnier se fût présenté, s'il eût enfin confessé la vérité, il n'a guère plus de 20 ans, j'aurais été ému de sa jeunesse; je serais venu au secours de sa franchise, et il eût trouvé en moi, presque un défenseur ; car je sais les soudainetés de la nature humaine ; je sais que souvent la colère est fille de la peur : je sais que souvent un mouvement du cœur, rapide comme l'éclair, rend celui du bras, terrible comme la foudre; enfin, je ne confonds pas l'entraînement homicide avec la perversité sanguinaire : je proclamerais donc volontiers qu'il n'y a eu qu'un meurtre par émotion.

Ce qui me détournerait de cette concession, c'est qu'au lieu de déplorer la mort de Cathelineau, au moins comme un malheur, on l'ait préconisée comme une victoire ; c'est que le pouvoir trompé ait cru qu'il devait la signaler par des récompenses ; or, c'est se créer à soi-même et communiquer aux autres de bizarres illusions, de présenter l'opération de la Chapronnière comme une expédition triomphale. Je ne suis point un homme de diffamation et de parti : je l'ai assez montré ; mais celui qui porte une robe doit avoir son genre de courage à l'égal de celui qui porte une épée ; il doit dire tout ce qu'il pense, rien de plus et rien de moins. C'est pourquoi je nie que l'arrestation de mes cliens ait été féconde en périls pour ses auteurs, et en résultats heureux pour le pays.

Des imaginations qui appellent les dangers réels, s'en figurent aisément de chimériques... Je ne crois pas à ces sifflemens de sinistre présage, qui se seraient fait entendre autour du château, pendant les scènes cruelles et lugubres qui s'y passaient. On prétend que c'était l'armée insurrectionnelle qui se ralliait pour secourir ses chefs. Tout au plus, l'armée de Buffard, cette armée de 6 à 7 hommes, se serait-elle avertie par des cris, que la gendarmerie était proche et qu'il était temps de s'éloigner. On a pris un signal de fuite pour un signal d'attaque, et encore, on oublia d'en parler devant le juge de paix : c'est une réminiscence qu'on a eu seulement devant le commissaire de la Cour royale.

Je ne doute point que la troupe n'eût repoussé courageusement toute tentative de délivrer les prisonniers à force ouverte ; mais cette tentative n'a point été conçue ; il est plus que léger de l'avoir avancé. On a laissé emmener paisiblement MM. de Civrac et Moricet, parce qu'ils n'étaient point des chefs d'insurrection. S'ils l'eussent été, en apprenant qu'ils étaient arrêtés, le pays eût couru aux armes. Il y a eu étonnement, affliction ; il n'y a pas eu ce découragement que s'est plu à supposer l'autorité administrative et militaire. Je n'inculpe pas leurs intentions ; mais on n'a rien négligé pour faire de la capture de mes cliens un événement immense. Sans elle, a-t-on dit gravement, dans la soirée même, la guerre civile commençait à Beaupréau et aux environs. Et comment n'en pas être certain ?... Bondu n'a-t-il pas rapporté que le dimanche au matin, il avait entendu dire : *C'est donc ce soir qu'on va chercher les jeunes gens de Jallais ?* Bondu est le seul qui ait entendu ces vagues propos. Vainement, essaie-t-on de les étayer de circonstances empruntées à d'autres procédures. On oublie que, dans la procédure actuelle, est consignée une déclaration aussi positive que possible, du sous-préfet de Beaupréau, qui énumère les diverses époques fixées pour la prise d'armes dans son arrondissement, et qui cite le 4 et le 29 mai, le 4 juin... J'ai déjà dit que ce procès était le seul où il eût été mention du 28, et uniquement dans le but de persuader que MM. de Civrac et Moricet avaient été saisis en quelque sorte en crime flagrant.

On a écrit dans l'acte d'accusation un argument qui dépasse ma portée : la preuve que MM. Cathelineau, de Civrac et Moricet conspiraient, c'est que le 4 juin il n'y a pas eu de mouvemens insurrectionnels dans la division de Beaupréau ; il n'y en a eu que dans les autres divisions. Quant à moi, si déjà je n'avais des preuves en abondance, j'en trouverais une nouvelle et décisive, dans le calme dont n'a pas cessé de jouir le pays de Beaupréau. Si depuis des années, des mois, il eût été travaillé par des conspirateurs, nonobstant la découverte de trois d'entre eux, il y eût eu explosion au 4 juin... Ne dites pas que les chefs étaient pris ou tués ; il s'en serait présenté, gardez-vous d'en douter, si l'insurrection avait été organisée à l'avance. J'abuserais de la longue patience que vous m'avez prêtée, si je m'attachais à démontrer davantage qu'à Beaupréau il n'y a jamais eu de complot. C'était une première proposition ; elle se retrouve la dernière.

Pour la fortifier, ne conviendrait-il pas de rechercher, avant de finir, la nature légale du complot. C'était ma pensée de le faire avec quelque étendue et quelque profondeur; mais je réfléchis qu'une dissertation de droit est rarement à sa place devant les jurés. Cependant, je dois vous lire la définition du complot, comme elle est écrite dans l'article 89 du Code pénal : *Il y a complot*, porte-t-il, *lorsque la résolution d'agir est concertée et arrêtée entre plusieurs personnes.*

Cette définition apprend assez comment un complot s'achève et se constitue.

Il faut l'accord, n'exigeant plus aucune délibération, parce que toutes les difficultés ont été applanies, toutes les résistances vaincues, toutes les divergences ralliées ; alors seulement il y a accord; et l'accord ne suffit pas s'il ne porte que sur le but. Par quelles voies y arriver? Quel sera le rôle de chacun? Quel poste lui demeure assigné? Ces questions doivent probablement être débattues et résolues de telle sorte, qu'il y ait irrévocable accord sur le moyen...... Et là, messieurs, ne finissent pas encore les exigeances de la loi. Il est requis par la lettre et l'esprit du Code, que l'exécution de l'entreprise ne soit pas ajournée à une époque indéfinie; qu'il n'y ait pas une simple expectative; qu'elle se réalisera ; que les initiés ne vivent pas dans l'incertitude du jour où sera donné le signal, c'est-à-dire enfin, qu'en outre de l'accord sur les moyens, il doit y avoir aussi accord sur le moment.

Un complot ne mérite d'être qualifié ainsi, qu'après avoir parcouru ces trois degrés successifs, qu'après qu'ils sont devenus simultanés, et que de leur triplicité résulte, suivant la prescription du législateur, une résolution concertée, arrêtée. La résolution est le fait élémentaire ; le concert et l'arrêt sont les deux évolutions qui l'élèvent à la fatale dignité du complot.

Que si donc Cathelineau, ce malheureux Cathelineau, avait encore à rendre compte de sa conduite à la justice humaine, elle n'aurait pas suffisamment preuve de prise contre lui. Les actes auxquels il aurait participé n'impli-

queraient contre lui qu'une culpabilité toujours incomplète
et bientôt abandonnée. Je ne reviendrai pas à de nouveaux développemens de cette vérité; mais elle n'est pas nécessaire à l'innocence et au salut de mes deux cliens. La fré-
quentation d'un conspirateur, n'est pas tellement contagieuse, qu'elle communique son crime à quiconque l'approche. On peut vivre avec lui, dans une communion
étroite de sentimens et de principes, et ne pas connaître par quelle combinaison il en poursuit le triomphe.
Je vais plus loin : on peut vivre dans sa confidence sans
être dans sa complicité. Qui de nos jours n'a pas eu, même
dans un parti contraire, des amis politiques, aux machinations
desquels il était initié, qui loin d'y adhérer, les combattait ?....
il les combattait et ne les révélait pas. Il méprisait cette
loi, tombée sous le mépris et l'exécration, qui imposait la
délation en guise de devoir civique ; ce devoir infâme est
rayé du Code pénal : et ne s'en suit–il pas que désormais,
plus encore en matière de complot, l'initiation,
même l'approbation, ne sont pas criminelles. La culpabilité ne commence qu'avec l'association irrévocable et la
coopération efficiente.

Tout le procès, est dans la différence qui sépare ces
trois mots, ou plutôt ces trois faits : *compagnon*, *confident*,
complice.

A quel titre MM. de Civrac et Moricet se sont-ils cachés
avec Cathelineau ?..... J'ai démontré que c'était à titre de
compagnons ; j'accorderais sans péril que ça été à
titre de confidens. Qui de vous, messieurs, serait assez
téméraire de proclamer que ce ne pût être qu'à titre de
complices ? De quel droit, entre ces alternatives, choisi-
riez-vous la plus incriminante ?... Vous êtes capables
et dignes de comprendre, que des conspirations ne s'établissent pas à l'aide de subtiles inductions, et de conjectures

hasardées. Remarquez, que l'accusation n'impute pas à mes cliens une seule action qui leur soit personnelle , et qui décèle qu'ils aient comploté. Ils n'auraient du moins comploté que dans le domaine de la volonté. C'est, messieurs, une prétention bien audacieuse à un homme, de vouloir pénétrer dans la conscience d'autrui , et de lui dire : « Tes pensées ont été coupables ; et c'est pourquoi je te condamne ! »

Pourtant la condamnation, à laquelle on vous convie et de laquelle je vous détourne, aurait cette portée ! . . . Vous refuserez de concourir à une jurisprudence qui ressusciterait en France les iniquités de la législation du Bas-Empire.

Telle est ma foi dans ma cause que je ne crains pas d'affronter ces secrètes objections , qui ne se formulent pas à haute voix , qui se murmurent sourdement, et qui néanmoins décident souvent de la destinée des accusés.

Ceux que je défends seraient-ils exposés à quelques préventions, qui naîtraient de leur nom et de leur rang dans la Vendée ?

J'en conviens, ils y représentent l'aristocratie commerciale et nobiliaire.

L'un est descendant de ces races laborieuses qui, des premières, apportèrent l'industrie à une contrée qui l'ignorait, et qui lui a dû ses prospérités. Les ancêtres de Moricet fondèrent par le travail une fortune que chaque génération transmettait après l'avoir accrue, à sa postérité. Pour eux, ce n'était pas un besoin, c'était un devoir de s'enrichir ; leurs idées industrielles étaient dominées par leurs idées religieuses ; le négoce ne leur était qu'un moyen de déployer en grand la charité ; elle était leur luxe et leur magnificence. Quarante années n'ont point effacé la mémoire de bienfaits qui étaient des traditions séculaires et qui ne furent interrompus que par la révolution. Elle renversa cette opulence, qui n'était pas seulement légitime dans sa source, qui était sanctifiée par son emploi. Ses possesseurs auraient pu la conserver en embrassant les opinions nouvelles; ils immolèrent leurs intérets à leurs principes; ils se déclarèrent ouvertement en faveur des institutions antiques, dont la chute leur semblait ébranler jusqu'en ses fondemens, le monde politique et moral. Cependant, ils voulurent d'abord se porter médiateurs entre les partis, afin d'empêcher les excès et les représailles; mais le chef de la famille fut massacré et ses membres déchirés servirent de trophées révolutionnaires, lorsqu'il était dans l'accomplissement d'une mission de paix et de concorde!!!!

Sa mort ouvrit aux siens une sanglante carrière devant laquelle aucun d'eux ne recula. Presque tous périrent sur les champs de bataille ou sur l'échafaud. . A une guerre qui avait pour armes la torche incendiaire et la hache du bourreau, survécurent pourtant une veuve et ses enfans: l'un d'eux est sur ce banc; il ne s'en étonne pas; son enfance a reçu le baptême de la proscription.... Je n'ai pas besoin de vous dire dans quels souvenirs et dans quels sentimens il fut élevé par sa mère. Oh! que ce mot dont tout-à-coup je frappe ses oreilles, et qui va jusqu'à son cœur, lui fait de bien et de mal à la fois! Sa mère.... Il y a des mois qu'il ne l'a vue: elle n'eût pas eu la force de repasser le seuil de sa prison.... Elle le pleure, elle s'inquiète.... Vous le rendrez à sa mère; car je ne connais pas de fils qui mérite mieux ce bonheur. En lui toutes les vertus et toutes les affections deviennent une piété : j'ai le droit de le proclamer le plus pieux de tous les fils. Il y a en effet dans sa vie, une circonstance où son abnégation filiale a poussé la probité et le désintéressement au-delà de toutes les bornes. L'héritage paternel lui avait encore offert de grands débris : mais sa mère qui avait réussi à relever le crédit de sa maison, jadis une des plus renommées du commerce français, se trouvait compro-

mise dans une de ces crises financières si fréquentes de
nos jours. Ses enfans, par un mouvement spontané, plutôt que
de la laisser insolvable, quoique de bonne foi, s'empressè-
rent d'abandonner à ses créanciers étonnés et reconnais-
sans leur patrimoine personnel ; ils ne réservèrent rien ;
ils se réduisirent à la pauvreté, afin de pouvoir dire :« Nous
avons tout perdu, hors l'honneur !.. » Il leur restait cette
place, dont les avantages se partageaient entre tous ; celui qui
en était investi l'abdiqua volontairement. Un serment était
pour lui plus qu'un acte politique, c'était un acte religieux ;
il refusa un serment, auquel eussent manqué la foi et l'a-
mour.... Mais c'est une indignité d'avoir induit de ce qu'il
n'avait pas voulu être parjure, qu'il était devenu conspirateur !...

Et vous apparaîtra-t-il également un conspirateur, celui
que la Vendée entière, nomme avec prédilection, *l'homme
de paix* et *l'homme de bien ?*... Pas une voix, même la plus
libérale, ne contesterait les respects unanimes dont il est
entouré. Nous ne sommes pas dans ces temps de frénésie
démagogique où l'éclat de la naissance accuse au pied d'un
juri. Ni vous, ni moi, messieurs les jurés, nous ne
sommes nobles, et pourtant nous sommes fiers de la condition où le ciel nous a placés ; mais ni vous, ni moi n'éprouvons des sentimens, qui font le plus de honte à la nature
humaine ; une jalousie haineuse et d'envieuses colères
contre un genre quelconque d'illustration sociale.

Je puis donc confesser, sans risque pour le marquis de
Civrac, une longue suite d'aïeux, dont plus d'un est glorieusement cité dans les fastes de la monarchie....

Quand la révolution vint, sa famille, placée dans la
confiance et l'amitié des princes, s'attacha à leur destinée ;
elle voulut s'associer à leurs revers comme elle avait été
admise au partage de leurs grandeurs ; elle les suivit dans

leur exil. La jeunesse de mon client se passa sur la terre étrangère. Il fit courageusement ce qu'il croyait son devoir de gentilhomme. Mais dès que la France eut recouvré quelque sécurité, sous la domination réparatrice d'un grand homme, il revit la France et s'unit à l'héritière d'une des plus nobles maisons de la Vendée. Depuis, il fixa sa demeure dans ce château, autour duquel existaient jadis de nombreux vassaux, se souciant peu d'être devenus fermiers. La féodalité, si oppressive et si spoliatrice sur quelques parties du royaume, dans le Bocage s'était maintenue tutélaire et chérie. Au jour des représailles, elle n'eut point de torts à expier. Les lois abolirent les titres des seigneurs et modifièrent à peine leurs rapports. Depuis long-temps les droits de la propriété et du travail s'étaient mis en harmonie sans l'intervention du législateur. C'était dans le Bocage une image des montagnes de l'Ecosse. Le fief vendéen, de même que le clan écossais, ressemblait à une parenté unique, dont le chef identifiait ses priviléges à l'avantage de tous. On lui rendait en dévoûment ce qu'il accordait en protection, et sa familiarité provoquait davantage à la vénération. Vous ne serez pas surpris que le marquis de Civrac ait conservé, jusqu'à un certain point, cette paternité patriarchale ; il l'a conservée sans la rechercher. Il en demeure investi par la libre reconnaissance de son pays, parce qu'à l'exemple de ses devanciers, il est resté la providence des malheureux, parce qu'il a continué de rétribuer généreusement les sueurs qui fécondent ses sillons, parce que jamais le froid et la faim ne frappent, sans être exaucés, à sa porte hospitalière, parce que sa femme et ses filles s'en vont, anges de bonté et de consolation, découvrir et soulager les misères qui se cachent sous des toits de chaume, parce qu'enfin il est le modèle de ces austères et touchantes vertus, qui rappellent les temps anciens, mais que le siècle comprend assez encore pour les honorer.

Il a quitté sans bruit, sans faste, les fonctions qu'il tenait de la légitimité, qu'il ne voulait tenir que d'elle ; pair
de France et maire d'une bourgade, la plus modeste de
ses dignités est la seule dont l'abdication lui ait coûté un
regret. Il vivait, je vous l'ai dit, dans les douceurs de l'existence domestique, dans la simplicité et le calme des champs,
il s'était séparé des calculs et des passions des partis ; s'il
gardait des espérances, elles étaient d'une nature supérieure;
il se fiait au caractère providentiel qu'il prête à la légitimité,
il a toujours professé que, suivant lui, elle n'avait pas ses
chances dans la guerre civile, et on lui reproche d'avoir
voulu l'exciter, et sa conscience se soulève contre ses accu-
sateurs ; et il est tenté de leur crier : « Vous m'avez ca-
lomnié !... » Et il trouverait de l'écho parmi ses concitoyens,
et bien plus, parmi ceux qui sont ses adversaires ; aussi quand
les magistrats sont venus rechercher les preuves impossibles
de son crime chimérique, toute une population s'est pressée
sur leurs pas, pour leur demander la liberté et le retour du
pacificateur et du bienfaiteur de la contrée.

Voilà donc quels sont mes cliens ; et de pareils hommes
on ne les condamne pas sans scrupules ; et si on méprise les
scrupules, on n'échappe pas aux remords.

Il y en a, il est vrai, qui insinuent, que pour répandre un
effroi salutaire, les coups de la justice politique doivent
ressembler à ceux de la foudre, qui brise la cime altière des
palais, et épargne l'humble toit des chaumières. . . .

Moi aussi, j'admets ce privilége funeste aux têtes élevées ;
mais si elles sont couronnées d'innocence, prenez garde
d'en faire tomber un seul cheveu. Plus l'iniquité des juge-
mens humains porte haut, et plus elle a de retentisse-
ment.

Ne vous méprenez pas sur le résultat de ce procès. La
Vendée l'attend dans l'impatience et dans l'anxiété. J'ai eu

occasion de proclamer, et je répète, que les supplices la trouveraient indomptable. Une des gloires de Napoléon est de l'avoir compris... Il comprit qu'il fallait d'autres moyens que les terreurs judiciaires à l'egard d'un peuple que la Convention avait essayé de condamner en masse, contre lequel elle avait porté un arrêt d'extermination universelle. La nature elle-même, ai-je ajouté quelque part, ne devait pas être épargnée, apparemment parce qu'elle était complice de ceux qu'elle nourrissait. C'était bien un arrêt : mais dans des proportions gigantesques. Dieu! qu'il s'accomplit avec rigueur !!!! Des amas d'ossemens blanchirent les champs dévastés; on eût cru qu'il fallait ramasser les pierres des maisons renversées et construire un grand monument, pour que la postérité n'ignorât pas où avait existé la Vendée! Eh bien, quelques années après, elle était debout et en armes, comme si les guérets engraissés avaient produit des moissons de soldats, ou, comme si ces os que je viens de dire, s'étaient crié les uns aux autres : *Levons-nous et ressuscitons des armées !*....

Sans doute, ce terrible miracle n'est plus à redouter ; les morts dorment depuis trop long-temps dans le cercueil pour en sortir de nouveau, et les vivans n'ont point à venger les mêmes griefs.

La Vendée a soif de paix; mais elle a aussi soif de justice !...

Vous n'imaginez pas la consternation d'apprendre mes cliens condamnés !... Eux, condamnés! Et qui désormais se croirait en sûreté ? Qui répondrait de ne pas succomber victime d'une accusation de complot? Toutes les existences considérables se sentiraient violemment menacées : A quoi leur serviraient la prudence et la modération, puisqu'elles n'auraient pas préservé les moins suspectes et les moins hostiles d'entre elles? Calculez bien qu'en frappant celles-ci, les autres se regarderont compromises. J'ai la prétention de prévoir au-delà des colères de l'époque : elles seront nécessairement passagères; à elles, succédera le besoin non encore senti, et que je provoque par mes efforts , le besoin d'une réconciliation.

L'Angleterre , messieurs, a eu sa révolution, qui, on n'en saurait disconvenir, a fourni plus d'un exemple à la nôtre. Or, la dynastie qui remplaça les Stuarts, ne trouva repos et gloire pour elle-même et pour la nation, qu'après qu'elle eut rallié les grandes familles et les grandes fortunes; qu'après que le torysme ne fut plus qu'un élément d'opposition constitutionnelle. J'appelle parmi nous une semblable transformation; mais vous n'ignorez pas qu'elle fut plus lente et plus difficile en Ecosse, parce que les condamnations judiciaires avaient été plus multipliées, et qu'elles avaient perpétué des ressentimens héréditaires. Sous plus d'un rapport, les analogies sont frappantes, de l'Ecosse avec la Vendée. Ne troublez pas celle-ci par un arrêt, à l'équité duquel elle demeurerait éternellement incrédule... Réfléchissez, à quelles angoisses est réduit un peuple qui retire sa foi à la justice, qui se persuade qu'elle est son ennemie, et qu'elle n'a que des échafauds ou des fers pour ses meilleurs citoyens.

Mais , en outre de ce que, par leur position et leur caractère, ces deux hommes rendraient plus éclatante et plus odieuse la violation en eux des droits de l'innocence , ils sont marqués dans leur patrie de la plus haute des consécrations. Non , non! n'y touchez pas! ou bien l'outrage en remonterait, par son fils, au premier des Cathelineau. Déjà sa mémoire a subi d'inexpiables profanations, et ne vous étonnez pas de ce langage dans une bouche libérale : Je ne me cache pas de tendresses égales pour tous les héroïsmes; je ne suis pas un marchand d'admiration, je ne l'escompte pas au dévoûment , suivant les profits qu'il rapporte à mon parti :

j'adore le dévoûment qui combat mes idées, et si je m'étais
trouvé dans ces temps affreux où la vertu et le génie, non
contens d'être dévorés ensemble par le crime, se déchiraient
entre eux, j'aurais eu des regrets et des larmes pour toutes les
victimes. J'aurais pleuré et Lescure et Marceau , et Hoche et
Bonchamps , et Malesherbes et Vergniaud , et Louis XVI et
Barnave, et la femme de Roland, et la fille de Sombreuil , et
Charlotte-Corday et Marie-Antoinette. Je les aurais tous pleu-
rés : je les porte tous dans mon cœur ; pour tous je revendique
des hommages; car à tous, oui, j'en jure, à tous, leur vie
et leur mort ont été belles !!

En cet esprit d'impartialité , et de réparation historique,
envers des gloires que la postérité réconcilie, j'ai évoqué dans
cette cause la grande ombre du Machabée vendéen , et je me
plains que sa nation ait été désolée dans le culte qu'elle a
gardé de lui.

A toute religion , à celle des héros comme à celle des
dieux, il faut des symboles. Il n'y a pas un peuple chez
lequel, les images de ses grands hommes ne soient l'objet
d'une sainte idolâtrie. Jugez donc quels prestiges s'atta-
chaient à la statue du Saint de l'Anjou, élevée qu'elle
était aux lieux qui l'avaient vu naître ! Eh bien, elle a
été ignominieusement abattue, mutilée ; le jour où cet
acte d'iconoclastie réactionnaire a été consommé , a été
marqué par un deuil plus significatif et plus majestueux,
que s'il se fût manifesté par des clameurs et des violences.
Les habitans, tout à l'entour , ont déserté leurs maisons
pour ne pas entendre les coups du marteau sacrilège,
et les démolisseurs ont accompli leur œuvre dans la solitude et le silence !!!!

Du moins ce n'était là qu'un simulacre de pierre; mais
il restait du héros une vivante représentation ; c'était
son fils, et vous savez sa mort. Il a été tué sans armes,

à coup sûr, sous une trappe, au sommet d'une échelle, à l'instant où, du geste et de la voix, il invoquait la loyauté militaire et la protection des lois... Qui de vous, messieurs, oserait soutenir encore, qu'il n'a subi qu'une légitime représaille, qu'il a mérité son sort en tombant sous les balles vengeresses des soldats qu'il tentait d'assassiner? Je me suis prêté généreusement à excuser ses meurtriers; mais j'aurais d'implacables paroles pour ses calomniateurs... J'ai dû réhabiliter en lui un nom trop grand pour ne point rester pur.

Mes cliens d'ailleurs auraient désavoué une défense qui n'eût pas reparé l'honneur de leur ami.

Sa mort tire son éclat de l'excès d'indignité qu'il y a en elle. Elle lui a mérité une place auprès de son père sur une liste fatale, où depuis quarante ans, bien des noms ont été inscrits. Celui de Cathelineau est un des premiers qui l'ait ouverte... Puisse-t-il la clore à jamais...

La Vendée est lasse de fournir des victimes à la guerre civile... Mais elle aspire, comme la nation entière, au règne des lois... Et si je vous disais à quel point les lois ont été violées contre elle !.. Qu'on lui accorde la justice et la liberté communes, et le pouvoir aura son obéissance, avec le temps il obtiendra davantage : vous pouvez m'en croire ; je connais les partis ; et c'est pourquoi j'ai osé me porter médiateur entre eux.

Tant pis pour qui ne sait, ou ne veut pas comprendre, ce qu'avec orgueil peut-être, j'ai nommé ma mission. Oui, je me la suis donnée, et je la poursuivrai avec la conscience de servir mon pays.

Vous me seconderez, messieurs ; j'attends de vous un arrêt devant lequel la Vendée s'inclinera reconnaissante et pacifiée. Il ne sera pas un bienfait pour elle seulement, il le sera pour la France, pour cette France qui souffre et qui se plaint, parce que ses enfans sont divisés et se déchirent.

Je n'exagère pas, messieurs, il vous est donné de puissamment influer sur les destinées de la patrie, suivant ce que vous décidérez de ces accusés.

Ah! n'y touchez pas, je vous le répète d'une voix qui va défaillir : n'y touchez pas!... Ils joignent à l'inviolabilité dont les investissent la vérité et la vertu, cette consécration vendéenne dont je parlais tout-à-l'heure.

Ils sont encore empreints du sang des Cathelineau!!!

En les condamnant, vous susciteriez contre vous ce qui ne s'apaiserait point : le cri de deux innocents, et le sang de deux martyrs!!!...

(Nous n'avons point essayé de reproduire dans le cours du plaidoyer de Me Janvier, les vives impressions, les élans d'attendrissement et d'enthousiasme qui se manifestaient à chaque instant. Nous aurions été obligés d'interrompre tant de fois la suite nécessaire à ce chef-d'œuvre de haute éloquence, que nous laissons à nos lecteurs l'appréciation des effets qu'il a dû produire. Me Janvier possède au plus haut degré l'art d'émouvoir; et il est si pénétré de ce qu'il dit, il le dit si bien, qu'il identifie ses auditeurs avec les impressions qu'il ressent lui-même. A la fois, terrible, convainquant, attendri ou indigné, il fait partager ses sentimens intimes; on ne peut rendre en aucune façon les émotions diverses qui ont agité la salle toute entière. Les nobles pensées, la voix, le geste, tout concourt à placer Me Janvier au premier rang des orateurs.

La séance est levée; chacun s'empresse de féliciter l'illustre avocat; il n'est personne qui ne voulût lui dire combien ses nobles idées sont faites pour être comprises de la France entière. Tous les auditeurs serviraient d'apôtres à ces généreuses doctrines : Jamais plus beau triomphe ne fut obtenu.)

M. le président: la parole est à Me Des Portes.

Me Des Portes: Je désirerais que les défenseurs des accusés, à l'égard desquels l'accusation a été abandonnée, voulussent bien faire entendre leurs observations, afin que les autres avocats dont la mission est plus importante, eussent le champ complétement libre.

M. le président: Je dois faire remarquer que, M. l'avocat-général, à la vérité, a renoncé à l'accusation contre plusieurs des accusés ; mais, MM. les jurés n'en auront pas moins à répondre aux questions qui doivent leur être posées, et l'abandon de l'accusation n'en est pas moins soumise à leur appréciation.

M^e, Jules Johanet, défenseur de l'abbé Brouard : Malgré ce que vient de dire M. le président, je déclare qu'aucune puissance humaine ne me forcera à faire entendre d'observations en faveur de mon client, puisque le ministère public n'a pas trouvé un seul argument pour soutenir son accusation.

M. le président: La parole est à Me Gain.

M^e. Gain : MM. les jurés :

Après les nobles accens que mon éloquent compatriote vous a fait entendre, nous pourrions, sans crainte, mes confrères et moi, renoncer à élever la voix dans cette enceinte; la cause générale, en effet, a déjà été discutée avec cette chaleur de conviction, avec cette puissance de sentiment et de logique toujours contagieuse, qui ne laisse plus le moindre prétexte au doute dans l'esprit des auditeurs, et qui finit par transformer, pour ainsi dire, en complices des accusés l'assemblée toute entière, et les juges eux-mêmes étonnés de se sentir attendris sur leur siéges; dans vos consciences, MM., nous en sommes sûrs, tous nos cliens sont innocens, nous sommes donc tranquilles sur le résultat de votre délibération. J'éprouve avant tout, MM., le besoin d'adresser un public hommage à la modération avec laquelle M. l'avocat-général, a rempli la mission grave qui lui était imposée, il a compris dignement que l'organe de la société n'est point l'avocat d'une cause ; que celui qui parle et agit au nom de l'intérêt général, n'a pas plus que les juges, une mission particulière de rigueur et de vengeance; il a enfin su maintenir continuellement cette longue discussion dans cette région calme et pure, où n'atteignent pas les orages de la terre; nous devons tous nous en féliciter, MM., la cause est restée dans ses véritables limites.

Il eût été difficile au ministère public de trouver encore après un débat aussi concluant, quelques paroles accusatrices contre le jeune Lhuillier, dont la cause m'était particulièrement confiée aussi l'accusation a été loyalement abandonnée, je n'ai donc rien à dire pour la défense ; cette cruelle affaire, messieurs, n'avait pour base qu'une grande erreur de la justice, ses résultats ont été bien funestes à tous les titres, puisque ce jeune accusé arraché violemment à ses études, à la tendresse de sa famille, attend depuis huit mois entiers, dans les tourmens d'une cruelle captivité, ce jour de justice, ce jour de réparations qui vient enfin de luire pour lui ; hâtez-vous, messieurs, de rendre à la vérité, l'hommage éclatant qui n'est dû qu'à elle seule. Nous ne venons pas ici de divers lieux, solliciter l'impunité d'un excès quelconque, arracher aux justes châtimens des lois, de grands coupables convaincus , nous voulons, messieurs , épargner à votre conscience un de ces arrêts que les regrets de toute la vie peuvent expier, mais jamais réparer ; c'est un acte de justice, un acte de loyauté que nous sollicitons : vous le demander, c'est être sûr de l'obtenir. MM. les jurés , ces longs et fatiguans débats vous ont révélé sans doute l'existence d'un grand crime ; mais l'auteur n'est pas sur ces bancs... Comme il doit être rongé par le remords , si le remords pénètre jusqu'à lui ; que ce soit ou non son unique châtiment, peu nous importe, nous n'éprouvons désormais à son égard que la haine de l'ignominie. Que ce militaire persiste à figurer dans les rangs de cette noble armée française , qui naguère faisait intervenir avec une si noble vaillance , la civilisation jusqu'au milieu du carnage ; qu'il porte encore , sur sa poitrine , cette étoile de l'honneur, dont les débats ont fait jaillir le sang par tous les pores ; nous avons le droit de nous en indigner, mais nous n'avons ni la volonté ni la mission de nous en plaindre. . . . .

M. le président : Il ne m'est pas possible de vous laisser plus long-temps continuer ce sujet. Les récriminations que vous faites entendre , rejaillissent directement sur le pouvoir qui n'a pas pu vouloir récompenser, par la croix de la Légion-d'Honneur, l'action , quelle qu'elle soit , du militaire qui a tué Cathelineau. D'ailleurs , il n'y a ni convenance , ni loyauté dans des expressions qui peuvent froisser un absent : je serais forcé de vous retirer la parole.

Me Gain : Je me manquerais à moi-même , à l'ordre auquel j'ai l'honneur d'appartenir, si , après une interruption aussi imméritée, je ne renonçais pas immédiatement à la parole. Je ne ferai plus qu'une seule observation : je n'ai jamais donné à personne , monsieur , le droit de m'adresser des leçons de convenance et d'honneur.

M. Gain s'assied , et reçoit les félicitations empressées de ses confrères.

L'interruption du président a excité une rumeur sourde dans l'auditoire.

Mᵉ Boucher de Molandon, défenseur de Sinan se lève et déclare que l'interruption inattendue de son confrère, le détermine à renoncer à prendre la parole; l'accusation ayant été d'ailleurs complétement abandonnée à l'égard de son client.

Mᵒ Des Portes se lève pour la défense de Guinehut:

Je viens, MM., vous parler en faveur du premier de ces trois accusés que j'appelerai malheureux* entre tous les autres, puisque le ministère public n'a trouvé pour eux que des paroles sévères et d'inflexibles exigences.

Ainsi, chargé de l'une des missions les plus responsables dans ce procès, que n'ai-je, pour m'en rendre plus digne, reçu en partage quelque étincelle de ce génie oratoire, dont les récentes et profondes impressions vous charment, vous transportent encore!

Mais je lui dois un autre hommage. Organe de MM. de Civrac et Moricet, qui durent au dévoûment de Guinehut un asile hospitalier, il a fait dans ma cause plus d'une excursion généreuse et secourable. Je n'attendais pas moins de son noble talent, de ce talent protecteur de toutes les infortunes, et qui semble s'accroître et grandir avec le nombre des accusés et le danger des accusations. Je n'attendais pas moins non plus de la reconnaissance de ses honorables cliens: Ils ont voulu par là, sans doute, commencer à payer une dette contractée sous les auspices sacrés du malheur et qu'il vous appartient, MM. les Jurés, de les aider à satisfaire entièrement. Grâces leur en soient rendues à tous, et puissent-elles être le présage de celles que je vous devrai à mon tour!

Après cet exorde, Mᵉ Des Portes déclare que la principale question du procès, celle de l'existence du complot dans lequel l'humble fermier de la Chapronnière était associé à Cathelineau et aux cliens de Me Janvier, ayant été traitée par celui-ci dans son éloquente plaidoirie ; il n'aura pas la témérité d'en recommencer la discussion.

Dès-à-présent, continue-t-il, la défense de Guinehut, quant à l'imputation de complot, est placée sous l'égide de cette vérité, dont l'énergique démonstration a dû saisir vos consciences : non, Cathelineau ne conspirait pas ; il ne fut ni le fauteur, ni l'adhérent d'une trame politique contre le pouvoir établi. Ce pouvoir, qu'il ne voulut ni ne dut reconnaître, n'aurait pu lui reprocher que de recevoir les instrumens d'une conspiration lointaine, dépôt qu'il lui était impossible de refuser sous peine de lâcheté. J'en dirai autant de ces secours d'humanité accordés à des hommes que, sans abdiquer toutes ses sympathies, sans étouffer toutes les inspirations de sa charité, il ne pouvait laisser en proie aux horreurs du besoin et aux tentations du désespoir.

Restent, poursuit le défenseur, des circonstances spéciales à la position de Guinehut, et qui, par ce motif même, ne pouvaient trouver place dans les généralités de la cause ; reste la nécessité de l'examen d'une proposition subsidiaire à celle de la non existence du complot. C'est que, quand même il y en aurait eu un, Guinehut y serait resté étranger ; c'est qu'il n'y aurait pris aucune part dans le sens raisonnable et légal de ce mot ; fonder cette proposition, voilà toute ma tâche.

Elle serait difficile, impossible, peut-être, si le complice que l'on veut donner ici à Cathelineau répondait par ses antécédens à ceux de l'auteur principal, si le soldat était plus digne du général ; mais il n'en est pas ainsi. Entre Cathelineau et Guinehut, nuls rapports, nulle intimité fondée sur une communauté de souvenirs, de traditions de famille, de fraternité d'armes. Ils étaient seu-

lement camarades d'enfance. Vendéen par la candeur, la
probité, la piété natives, Guinehut ne paraît pas d'ailleurs avoir jamais rien possédé de cette vertu belliqueuse,
si commune sur ce sol héroïque. Son enfance s'écoula
au milieu des guerres civiles ; mais sa famille fut du petit
nombre de celles qui ne traversèrent pas la Loire à St-
Florent, avec ces cent mille âmes de la population vendéenne, sous le commandement des Lescure, des Bonchamps, des La Rochejaquelein, poussés alors par la fatalité vers d'autres contrées où la fortune devint infidèle à
leurs drapeaux. Guinehut resta donc dans son pays que
parcouraient, en tous sens, les colonnes mobiles des répu-
blicains, sillonné par le fer et la flamme, et dont les rares habitans, réfugiés au milieu des bois, ne pouvaient
plus se réchauffer qu'au feu de leurs demeures incendiées,
ni récolter que d'une main furtive leurs champs ravagés
par l'ennemi. Voilà comment il apprit de bonne heure à
redouter les désastres qu'entraînent à leur suite les dissensions intestines. Le reste de sa vie paraît s'être ressenti
de ces premières et terribles impressions ; elles l'éloignè-
rent toujours du métier des armes, et un trait de sa conduite en 1815, lorsque la Vendée les prit de nouveau, a
achevé de vous convaincre de son peu d'inclination pour
l'état militaire. Est-ce là l'homme qui aurait épousé les
hardis projets de Cathelineau ; l'homme qui, parvenu à
cinquante-deux ans, toujours paisible, doux, timide même,
se serait alors, pour la première fois, lancé dans la carrière aventureuse des conspirations ?

Amené à rechercher comment son client s'est pourtant
trouvé impliqué dans une affaire d'état, Me Des Portes
démontre que l'origine de ce malheur est la construction
de ces caches pratiquées à la Chapronnière, dans un but
tout à fait innocent et inoffensif. L'avocat donne ici
lecture d'un passage de l'acte d'accusation, qui reconnaît

que ce fut principalement dans l'intérêt de M. le curé de
Jallais, et par les soins de son père, que les caches
furent faites, pour y déposer des effets mobiliers, et pour
servir aussi peut-être de retraite à des proscrits, prévisions que justifiaient assez les appréhension nées de
l'état alarmant du pays. L'époque de la construction de ces
réduits secrets, éloigne d'ailleurs tout soupçon d'une destination coupable; elle remonte à Pâques 1831, plus d'un an
avant les événemens du procès, avant les premières ouvertures que Cathelineau aurait faites à Guinchut, pour l'engager à recevoir des poudres et autres munitions de guerre.
Quant à ce caveau dont l'accusé aurait, dit-on, fait un mystère,
même à ses prétendus complices, il n'en était pas un d'a-
bord pour l'ouvrier, qui y avait travaillé avec lui comme aux
autres caches. En second lieu, comment supposer qu'il l'eût
affecté spécialement, comme on l'a prétendu, à y déposer
des poudres. Quoi! dans un lieu attenant à son habitation,
où l'on ne pouvait pénétrer qu'avec une lumière et naturellement humide! on ne conçoit ni tant d'imprudence ni une
maladresse si grossière. Aussi les poudres découvertes chez
Guinchut ne l'on pas été dans ce caveau, mais dans d'autres endroits écartés de la maison. Ce n'était donc, comme
il l'a dit, qu'une dernière cache mieux dissimulée encore
que les autres, et qu'il réservait pour son usage personnel
parce qu'elle était plus à sa portée.

A l'égard de son consentement à recevoir le dangereux
dépôt de munitions de guerre, que lui transmit Cathelineau, le défenseur fait remarquer que, sur ce point,
comme sur tous ceux qui incriminent Guinehut, l'accusation n'a contre lui que ses propres aveux, que ces aveux
auxquels avec plus d'adresse et moins de franchise il eût
pu se refuser. Combien il lui eût été facile, en effet, d'attribuer aux menaces, aux violences des chouans du voisi-

nage, d'un Buffard par exemple, la présence de ces munitions dans son domicile! Mais il ne sait pas mentir, cet
homme simple et pur : il a horreur du mensonge, jusqu'à
ne pas vouloir se sauver à ce prix. Ses révélations, du reste,
il faut les prendre telles qu'il les a faites. Eh bien, ce n'est
pas librement, spontanément, qu'il s'est prêté à l'acte dont
on lui demande compte aujourd'hui. Il n'a cédé, au contraire, qu'à des sollicitations, à des instances réitérées, aux
prières d'un ami, et de quel ami! Quelque jeune imprudent; quelque aventurier, un inconnu? non; un homme
dont la vertu avait autant d'ascendant que le nom; respecté,
vénéré par sa sagesse et sa piété. . . . Cathelineau, enfin!
malgré toute la puissance de ces influences réunies; Guinehut n'a succombé qu'avec peine, et il a fallu qu'on
revînt à la charge pour le décider. Voilà ce qu'il a constamment déclaré sans réserve, sans réticence. Et maintenant,
messieurs, son religieux amour de la vérité, de cette vérité
qu'il eût pu si aisément altérer, devra-t-il le perdre, et
aura-t-il creusé lui-même l'abîme où l'on voudrait le précipiter ?

Une autre et plus grave imputation faite à Guinehut,
c'est son initiation avouée au but du complot, dont on lui
confiait les moyens d'exécution. Il aurait su, en les recevant,
qu'ils étaient destinés à servir ces projets de soulèvement,
prêts à éclater à l'arrivée d'une auguste princesse dans la
Vendée, et pour seconder les mouvemens du Midi. Oui,
il déclare avoir reçu de semblables confidences de la part
de Cathelineau; des confidences !

Mais, comme le disait si bien hier un éloquent orateur, des
confidences d'un complot ne sont pas des initiations à ce
même complot. Etre informé d'une conspiration n'est pas y
prendre part et s'y associer. Une telle révélation ne porte
même plus son danger avec elle. La loi barbare qui a si

long-temps souillé nos Codes en a disparu, et le temps est venu, où un nouveau de Thou ne porterait plus sur un échafaud la peine du secret d'un autre Cinq-Mars. Le crime de Guinehut serait-il donc de n'avoir pas trahi la confiance de son ami? Singulières confidences, après tout, que celles qu'il en aurait recueillies, que ces prétendues nouvelles, qui n'en étaient plus déjà pour personne, excepté peut-être pour l'obscur et paisible fermier de la Chapronnière, ces nouvelles que tout le monde savait et que la police savait avant tout le monde. Voulez-vous être convaincu combien peu Guinehut était instruit, malgré ce que lui aurait confié Cathelineau, relisez ce que l'acte d'accusation rapporte de la déposition du nommé Horeau qui fut chargé d'avertir l'accusé du projet conçu par M. de Civrac de se réfugier à la Chapronnière. Horeau dépose que recherchant avec Guinehut le motif de cette démarche, ils se dirent l'un à l'autre ; *Qu'est-ce que cela signifie ?.... Il va donc y avoir quelque chose.* Et que l'on ne dise pas que Guinehut dissimulât avec Horeau, ancien capitaine de paroisse, et dont la mission même, excitait encore à un autre titre sa confiance.

Le séjour des trois fugitifs dans son habitation aurait-il éclairé davantage Guinehut sur l'existence d'une conspiration, et sur la part qu'on lui faisait prendre à ses préparatifs? Le défenseur reproduit ici rapidement toutes les circonstances déjà discutées par Me Janvier : le mystère profond dont Cathelineau et ses compagnons s'entourèrent à la Chapronnière, leurs défenses répétées à Guinehut de révéler à qui que ce fût leur présence en ce lieu, l'absence de toute preuve d'une communication quelconque au dehors ; l'indifférence de Cathelineau lorsqu'on apporta des armes achetées long-temps auparavant et qu'il ne visita même pas ; ses paroles significatives lors de l'arrivée des bons de fournitures : « Nous n'avons pas besoin de cela, cachez-le. »

Vous pouvez maintenant, poursuit Me Des Portes, vous pouvez dire en pleine connaissance de cause, jusqu'à quel point Guinehut était initié à un complot ; vous êtes en état de prononcer dans tous les cas, si, au lieu de ce rôle actif, intelligent qu'on lui prête dans l'accomplissement de quelques actes matériels, il n'a pas, au contraire, rempli seulement celui d'une véritable machine, d'un instrument subalterne, hors d'état d'apprécier la conséquence et la portée de de ce qu'on lui faisait faire.

Mais au moins, et pour lui trouver des torts réels et punissables, a-t-on prouvé qu'il eût, même indirectement, participé à quelque trouble ou désordre qui eût mis en péril la sûreté du pays? S'est-il rendu l'agent aveugle, mais inexcusable pourtant, de quelque attentat aux personnes ou aux propriétés, par une crimelle faiblesse dont aujourd'hui il ait à subir la responsabilité? Non, messieurs, et l'instruction et les débats du procès sont également muets à cet égard?

Faut-il le répeter? s'il y avait eu quelque part dans l'Ouest un complot qui eût étendu ses ramifications jusque dans Beaupréau, on vous a démontré que loin d'être parvenu à ce degré de maturité et de perfection, que la loi punit, il serait resté, au contraire, dans les termes d'un simple projet, sans accord ni sur le but ni sur les moyens d'exécution : sans résolution concertée et arrêtée d'agir ; en un mot, point de complot dans le sens légal, point de péril pour le gouvernement établi, point de corps de délit; dès-lors, point de criminels à punir.

Quant à l'attentat, il manque ici bien plus encore que le complot. Nulle levée de boucliers, nulle prise d'armes, nulle collision entre les troupes et les insurgés. Pas un seul acte rattaché à ce procès, duquel on puisse inférer la guerre civile.

Le sang a coulé, il est vrai. Oui, les murs du vieux château de la Chapronnière ont été témoins d'une effroyable catastrophe ; est-ce celle-là que l'on veut venger ? Mais alors, à qui demanderait-on compte de ce sang versé ? Je vois ici les amis de la victime, les témoins de sa mort : je cherche en vain ceux qui la lui donnèrent si violente, si horrible, et surtout si injuste.

On parlera dans un acte d'accusation, dont les proportions gigantesques sont venues ici se resserrer dans un cercle si petit ; on parlera, dis-je, d'ordre public troublé, de lois violées, de société exposée à l'anarchie, on aura tout épuisé pour la poursuite et la punition de ceux auxquels on ne saurait, après tout, imputer que des complots imaginaires et de chimériques attentats !

Mais le meurtre trop réel d'un homme, quel qu'il soit, n'est-il pas aussi une grave atteinte à l'ordre social, et à la paix publique. . . . Et quand cet homme s'appelle Cathelineau, quand il a péri non par le fer de l'ennemi, mais atteint d'une balle française ; non pas dans un combat enveloppé dans ce drapeau sans tache, confié à sa fidélité et à son courage, mais dans un asile obscur, mais désarmé, mais au moment où il se rendait, où il se confiait à l'honneur, à la loyauté de ses anciens frères d'armes ; la justice se taira ! Et loin de le punir, le pouvoir n'aura que des récompenses pour le meurtrier !

Répondra-t-on, pour les justifier l'un et l'autre, que là où je dénonce un crime, il n'y eut qu'un malheur, qu'un accident trop ordinaire dans les dissensions civiles, provoqué par celui-là même qui succomba : dû à cet état d'hostilité flagrante, dans lequel il s'était volontairement

12

placé ; dira-t-on , enfin, que ce n'est pas à qui soulève les
tempêtes de se plaindre d'être emporté par elles, et que le
nom de victime va mal à un conspirateur?

Sans reconnaître ici la justesse de cette dernière qualification appliquée à Cathelineau, loin surtout, bien loin de
souscrire jamais à ce droit barbare de prendre un soupçon
pour une preuve, de confondre l'asile du proscrit avec le
poste retranché d'un ennemi, de tuer qui ne se défend pas....
Tout ce que je pourrais accorder, c'est que l'expédition de
la Chapronnière fut fatale , présisément à celui contre lequel s'éleveraient aujourd'hui dans le sens de l'accusation
quelques apparences.

Eh bien, s'il en est ainsi, n'était-ce pas assez de cette
terrible expiation? La mort funeste du plus compromis,
du seul compromis réellement parmi les accusés, ne de-
vait-elle pas suffire aux sollicitudes du pouvoir, et aux
exigences de sa justice ? Cathelineau n'était plus! Cathelineau, dont le nom magique valait seul une armée sur
cette terre arrosée aussi, du sang de son glorieux père : sa
mort avait, dit-on, frappé de stupeur les Vendéens prêts
encore à se soulever à sa voix, et glacé leur courage. . . .
Encore une fois, ce devait être assez de cette mort,
équivalente au gain d'une bataille.

Pourquoi donc encore des poursuites? Et quel besoin de
satisfactions nouvelles ? Pourquoi envoyer sur ces bancs,
des hommes dont le seul crime fut de chercher, dans une
retraite volontaire, un abri contre d'ombrageuses et injustes
persécutions !

Pourquoi, enfin, faire asseoir à leurs côtés un malheureux paysan coupable seulement de l'hospitalité qu'il
donna à des fugitifs, à l'un desquels il ne pouvait rien refuser.....

Messieurs, cette amitié si honorable mais si dangereuse
pour Guinehut, cette liaison qui remonte à l'enfance....

Voilà, vous le savez assez, la cause, la seule cause de sa propre infortune ; voilà ce qui l'a enveloppé par une sorte de fatalité dans les périls de ce procès. Et par une autre fatalité non moins déplorable, le premier, le plus énergique défenseur de Guinehut, celui qui dans cette enceinte aurait tout fait pour conjurer les dangers qui le menaçent, pour ramener sur sa propre tête toute la responsabilité d'actes dictés, ordonnés par lui seul, ce défenseur lui manque aujourd'hui.

Car, vous n'en doutez pas plus que moi, si la vie de Cathelineau eût été épargnée, s'il eût comparu devant vous, sa voix généreuse aurait rendu la mienne inutile en faveur de mon client. Oui, ce noble fils de la Vendée, ce digne héritier du Saint d'Anjou, eût réclamé pour lui seul les sévérités du ministère public, et l'inflexibilité de votre justice. « Épargnez, vous aurait-il dit, épargnez le pauvre Guinehut. S'il est un coupable ici, c'est moi ; moi seul j'ai tout fait, moi seul l'ai engagé dans une voie d'où l'é-cartaient et ses habitudes et son caractère. Quel est son crime ? D'avoir cédé à mes instances, à mes prières ; d'a-voir écouté un sentiment que rendait plus impérieux encore le désir de m'aider à soustraire un dangereux dépôt ; encore une fois ne punissez que moi : pour lui rendez-le à la liberté, qu'il n'a perdue que par son dévoûment ; l'auteur éclairé du délit volontaire, s'offre à vos coups ; ne lui asso-ciez pas celui qui ne fut que son instrument aveugle, passif et subjugué. »

Voilà quel serait le langage de Cathelineau s'il pouvait se faire entendre. . . . .

Et parce qu'il n'est plus, parce que sa voix est éteinte désormais, faudra-t-il donc que Guinehut tombe sous le poids accablant d'une menaçante accusation ?

Je ne puis le croire, messieurs, non, je ne puis me résoudre à renoncer pour Guinehut, à l'appui tutélaire que

Mort, il le protégera encore, et bien mieux peut-être que pendant sa vie ; mort, il aura tout expié, et pour lui et pour d'autres, si toutefois une expiation fut jamais ici nécessaire. Mort, son ombre sanglante vous adjure de ne pas laisser peser sur sa mémoire, le malheur d'un chef de famille, d'un père de sept enfans !

Messieurs, vous entendrez cet appel fait à votre justice, bien plus encore qu'à votre pitié ; vous ne frapperez pas Guinehut d'un châtiment mortel, quel qu'il soit, pour sa famille et pour lui-même. . . . Justes en rouvrant pour les autres accusés, pour les principaux surtout, les portes de la prison, vous permettrez à Guinehut de les franchir avec eux: que celui qui leur donna une hospitalité si généreuse, partage avec eux les bienfaits de votre déclaration, que leur destinée commune jusqu'ici, ne cesse pas de l'être, et qu'arrêtés, accusés ensemble, ensemble ils soient sauvés !

La noble diction de Me Des Portes, l'élévation de ses idées, ont maintes fois produit l'impression la plus vive sur tout l'auditoire. La dignité qui accompagne ses paroles, la pureté de son style, sont au-dessus de tout éloge. Il s'asseoit au milieu des félicitations de tous ses confrères, celles de Me Janvier sont les plus empressées. Nous laissons également à nos lecteurs le soin d'apprécier les différentes émotions produites par ce beau plaidoyer.

Après Me Des Portes, Me Bouhier de l'Ecluse prend la parole pour Sailles, Cailleau, et s'exprime ainsi :

Messieurs les jurés,

Vous n'attendez pas de moi, sans doute, que comme l'a fait hier avec un admirable talent l'éloquent orateur que vous avez entendu, j'appelle à mon secours toutes les pompes oratoires pour défendre Sailles et Cailleau.

Je n'ai pas, moi, à vous dire la vie et la mort héroïques et chrétiennes du premier des Cathelineau, je n'ai pas à vous raconter le triste et sanglant drame de la Chapronnière ; je n'ai pas à vous parler des ancêtres de ceux que je défends, si ce n'est pour vous dire que leurs pères furent étrangers à toutes les gloires de la terre, qu'ils vécurent et moururent obscurs et ignorés.

Mes cliens sont deux pauvres paysans, ma défense doit être simple comme eux.

C'est d'ailleurs bien plus à votre raison qu'à vos cœurs que je veux m'adresser.

J'ai besoin d'être bien convaincu que je parle à des hommes d'honneur et de loyauté, étrangers à tout esprit de parti, ou qui savent le faire taire devant la haute mission qui leur est confiée, pour me décider dans ce moment à élever la voix. S'il en était autrement, toute défense me semblerait inutile. J'ai trop de préventions à détruire, trop de haines à faire taire, trop de vengeances à rendre impossibles.

Vous l'avez vu, en effet, messieurs les jurés, c'est bien plus à vos passions qu'à votre justice qu'on semblait en appeler, et ici, vous le sentez, ce n'est pas au magistrat qui a rempli les fonctions du ministère public que j'adresse ce reproche, c'est aux témoins...

Vous savez sous quelles couleurs sombres ils vous ont dépeint mes cliens, combien d'iniquités ils ont rassemblé sur leurs têtes... il n'est pas de bruits vagues, de cancans de village, il n'est pas jusqu'aux fantômes d'une imagination terrifiée qu'ils ne soient venus vous raconter.

Aussi vous reconnaîtrez bientôt, je l'espère, que ceux de ces faits qui sont les plus capables de faire impression sur l'esprit d'un homme passionné, sont faux ou étrangers à l'accusation qui nous occupe, et ce ne sera pas en vain que j'en appellerai à votre impartialité.

Après avoir rappelé les différens chefs d'accusation qui pesaient sur ses cliens, Me Bouhier de l'Ecluse s'attache à distinguer les faits qui peuvent servir d'élémens à cette accusation, d'avec ceux qui y sont entièrement étrangers.

Il s'efforce ensuite de détruire l'impression que ces derniers faits ont pu faire sur l'esprit des jurés. Après avoir fait remarquer que les plus graves avaient tous leur source dans des bruits vagues, des propos sans consistance, ou qu'ils étaient inspirés par des sentimens d'inimitié ou de vengeance, il s'étonne qu'un officier, le capitaine Cœur, soit venu parler dans les débats de l'assassinat du voltigeur du 42e, et qu'il ait, sinon signalé Sailles comme en étant l'auteur, au moins qu'il en ait laissé peser sur lui le soupçon, lorsqu'on voit, par le rapport de cet officier à son général, qu'il n'est pas même constant qu'il ait été assassiné...

Je l'avouerai, dit-il, j'ai peine à exprimer l'impression que j'ai éprouvée lorsque j'ai entendu cette partie de la déposition du capitaine Cœur, dans laquelle il vous a parlé de l'assassinat d'un voltigeur du 42e, et de ce livret trouvé dans la possession de Sailles; que tout annonçait avoir appartenu à un soldat d'infanterie, et dans lequel, à certain signe caractéristique, que cet officier vous indiquait, il semblait reconnaître un livret d'un soldat du 42e.

Les manières distinguées de ce témoin, son ton calme, la convenance, la retenue, l'accent de loyauté militaire avec lesquels il a déposé, tout en lui avait contribué à porter le trouble et l'émotion dans mon esprit. Entraîné par un sentiment dont je n'étais pas le maître, je regrettais de m'être chargé de la défense de Sailles, j'en étais effrayé... Serait-il donc vrai, me disais-je, qu'au lieu de ce jeune paysan vendéen, aux mœurs douces, au cœur pur, aux convictions profondes, à qui je croyais prêter ma voix, je n'aurais à défendre qu'un lâche assassin ?.. Ah ! vous comprendrez aisément combien cette pensée m'était pénible, combien, en quittant cette audience, après une telle déposition, j'avais le cœur serré.

Mais cette émotion a cessé aujourd'hui, un autre sentiment l'a remplacé, sentiment pénible encore, il est vrai, mais ce n'est plus l'accusé qui me l'inspire.

J'ai interrogé Sailles, et il m'a dit qu'un an avant d'entrer dans les bandes, il avait en sa possession le livret qu'on a trouvé sur lui.

J'ai interrogé Sailles, et il m'a répondu : que jamais il n'avait même entendu dire qu'un voltigeur ou un autre soldat eût été assassiné dans la commune de la Jubaudière.

J'ai fait plus, j'ai consulté le dossier contenant toute l'instruction de cette grave affaire, et j'y ai vu : que le capitaine Cœur lui-même n'était pas sûr qu'un assassinat eût été commis sur un soldat du 42°. Son rapport à son général en fait foi ; il y parle, à l'occasion du livret trouvé sur Sailles, de l'assassinat d'un voltigeur de ce régiment, non pas même comme d'une chose probable, mais comme d'un ouï-dire, d'une possibilité !!..

Aussi, je ne me demande plus s'il serait vrai que Sailles se fût rendu coupable d'un pareil crime, mais s'il est bien vrai, qu'un témoin, qu'un officier français, ait fait planer sur un pauvre paysan, accusé d'un fait politique, et que menace une peine capitale, une accusation d'assassinat, sans être même sûr qu'un assassinat, avait été commis.

Ce que je me suis demandé, vous vous le demanderez aussi, MM. les jurés, et je ne crains plus désormais qu'une pareille allégation puisse faire impression sur vos esprits.

Me de l'Ecluse repousse ensuite d'autres faits résultant des aveux échappés aux accusés qu'il défend, soit comme

niés par eux dans leurs premiers interrogatoires, puis niés
encore à ces débats ; soit comme démentis ou par d'autres
faits, ou par les témoins. Il fait remarquer les contradictions
qui existent relativement à ces faits, entre les versions de
Sailles et de Cailleau, ou entre les versions faites par les
accusés eux-mêmes en différens temps ; et après avoir démontré que quand on devrait y ajouter foi, il n'en résulterait pas que ces deux accusés se fussent rendus coupables
des crimes qu'on leur impute ; il continue ainsi :

« Non, quand dans ces aveux vous trouveriez les élémens
nécessaires pour établir la preuve matérielle de la culpabilité
de Sailles et de Cailleau, ce qui n'est pas, comme je viens
de vous le démontrer, de tels aveux ne pouraient pas suffire
pour porter la conviction dans vos esprits. Il faut pour cela
des élémens plus purs, des documens plus certains; vous le
savez, non seulement ces aveux sont contraires, ou aux premières versions faites par les accusés, ou aux dépositions des
témoins, ou aux documens fournis par l'instruction et par ces
débats, non-seulement il y a incohérence, contradiction dans
les versions des deux accusés entre elles, ou dans les versions
faites en différens temps par chaque accusé en particulier; mais,
vous le savez encore, ces aveux leur ont été arrachés par la
force et par la violence.

Vous avez entendu Sailles et Cailleau, vous dire avec cet
accent de vérité et de franchise qui pénètre : *ces aveux nous
ont été arrachés par la douleur* ; au moment où le capitaine
Cœur nous interrogeait, derrière nous était placé un sergent,
et chaque fois que nous ne répondions pas selon ses désirs, il
lui ordonnait de nous frapper à coups de manche à balai.
Vous l'avez entendu ; et comme moi, sans doute, vous ne
vouliez pas y croire tant il vous répugnait de penser qu'un
militaire, qu'un officier qui semble avoir reçu une éducation
soignée, se fût rendu coupable de pareils excès. Mais il ne

nous est plus permis d'en douter , il n'a pas osé le nier lui-même ; il vous a dit , qu'il avait fait signe à plusieurs reprises, au brigadier de gendarmerie qui assistait à l'interrogatoire, qu'il faisait subir à Sailles et Cailleau , de leur donner des coups de poing, lorsqu'il lui était évident qu'ils lui en imposaient.

Que ce soit des coups de poing ou des coups de bâton , sur ce point, vous le pensez bien, je n'élèverai aucune discussion, peu m'importe. N'y a-t-il pas là le même oubli du double caractère de militaire et de magistrat , dont il était investi en ce moment, n'y a-t-il pas là, la plus brutale violence, n'y a-t-il pas là toujours la même indignité.

Non , vous n'ajouterez pas foi à de pareils aveux ; et pour vous faire comprendre, qu'il est impossible qu'ils puissent servir d'élémens à votre conviction, il n'est pas nécessaire , je le sens , que j'invoque les théories des publicistes et des jurisconsultes sur ce sujet , ou que je vous signale les exemples déplorables des condamnations qui ont été prononcées sur des aveux faits par des accusés , ces faits parlent ici assez haut d'eux-mêmes.

Ce n'est pas cependant que sur ce point je manquasse de nombreuses et imposantes autorités , il ne me serait pas même nécessaire d'aller les chercher en dehors de cette enceinte pour vous convaincre, je n'aurais qu'à vous redire les éloquentes paroles que, dans un autre procès politique , sa sollicitude et sa tendresse paternelles inspiraient à ce père, ce défenseur sacré , comme on l'a appelé , que j'aperçois dans ce moment parmi les magistrats qui président à ces débats. (1)

Passant ensuite aux faits qui peuvent être considérés

(1) M. Hutteau , conseiller à la Cour royale d'Orléans , défenseur de son fils, l'un des accusés traduits en 1820 devant la Chambre des pairs.

comme constans, il démontre qu'ils ne peuvent constituer ni un complot, ni un attentat, ni une tentative d'attentat.

Quant à l'accusation de complicité de complot, non seulement il la repousse en fait, mais il soutient qu'il ne peut pas y avoir légalement de complices de complot, et il rappelle à ce sujet la brillante discussion de Me Hennequin sur cette question, dans l'affaire de la rue des Prouvaires.

Il termine en rappelant aux jurés, que déjà il a défendu devant eux ces mêmes accusés Sailles et Cailleau, comme accusés de complots ou d'attentats contre le gouvernement, concertés ou exécutés par eux en 1832, depuis leur entrée dans les bandes vendéennes, jusqu'au moment de leur arrestation, ou plutôt, pour avoir fait partie de ces bandes, et il leur fait observer que c'est encore du même complot et du même attentat qu'ils sont accusés.

Après leur avoir rappelé leur verdict d'acquittement sur la première accusation, il leur dit, que la loi et l'intérêt de la société veulent également qu'un citoyen ne puisse pas être poursuivi deux fois pour le même fait, et surtout, que deux fois pour ce fait on ne puisse demander sa tête, comme le fait l'accusation, à l'égard de Sailles et de Cailleau ; un pareil exemple lui paraît inouï dans les fastes judiciaires, il en appelle enfin au patriotisme, à l'honneur des jurés, à leur respect pour la loi ; il les conjure de ne pas consacrer un pareil antécédent ; il cherche à leur faire sentir combien il serait funeste, combien dans un temps de dissensions civiles comme celui où nous vivons, il porterait atteinte à la sécurité et à la liberté de tous les citoyens.

(Me Bouhier de l'Ecluse reçoit de nombreuses marques de félicitation.)

M Auguste Johanet prend la parole pour Pineau :

Messieurs les Jurés ,

Je ne m'attendais pas , je l'avoue, à l'honneur de porter devant vous la parole dans cette cause , car j'étais convaincu que l'accusation serait complétement abandonnée à l'égard de mon client.

Cependant, si j'ai bien compris M. l'avocat-général, Pineau reste placé sous le poids de la double accusation de complot et d'attentat.

Il me sera facile, messieurs, de vous expliquer la présence de mon jeune client sur ces bancs, et j'ose espérer que j'exciterai toute votre sympathie en faveur de celui qui n'est pas seulement un accusé, mais un captif ; vous ne tarderez pas à être persuadés qu'il n'a été appelé dans cette déplorable cause , que parce que l'accusation se flattait de trouver en lui un auxiliaire.

En effet , messieurs , dès qu'on eut osé prendre l'étrange résolution de traîner devant une cour d'assises M. le marquis de Civrac et M. Moricet , l'accusation (je ne parle pas ici de celle d'Orléans , je remonte à l'origine) , l'accusation déjà si frèle et si chancelante , sentit bien, qu'en ne leur adjoignant pour compagnon que le malheureux Guinehut, elle tomberait bientôt, et qu'elle tomberait dans le sang d'un brave et d'un Français ; elle crut trouver un appui qui lui devenait indispensable.

Ce fut alors , messieurs , qu'elle profita de la prise de deux ou trois chouans qui vivaient isolés et fugitifs dans les environs du château de la Chapronnière , et que le capitaine Cœur, qui paraît si habitué à la chasse aux hommes , venait d'arrêter dans ce qu'il a si justement appelé sa battue. On voulut en faire les chouans de M. de Civrac, et les lui donner pour complices ; on les érigea en prétendus représentans d'une bande imaginaire , et Cailleau , Sailles et Pineau , comparaissent avec lui devant vous.

Je n'ai point à m'occuper des faits que l'accusation impute à Sailles et à Cailleau, mais je vous démontrerai tout ce qu'elle a d'injuste à l'égard de Pineau.

Et ici, messieurs, c'est bien le lieu de vous dire comment mon jeune client est amené devant vous. L'accusation n'étant constamment préoccupée que d'une seule pensée, celle de recruter à M. de Civrac des complices et des co-accusés, ne put pas se contenter de Sailles et de Cailleau. C'était trop peu pour ses désirs; elle tenait, par-dessus tout, à former à M. de Civrac, une espèce de cortége de chouans, et ne pouvant en trouver dans le canton de Beaupréau, elle alla en chercher un de plus, qu'elle était sûre de rencontrer, qui ne pouvait échapper à ses poursuites; c'était Pineau, qui, déjà condamné pour des faits pareils, à huit années de détention dans l'affaire de Cacqueray, languissait dans les prisons de Blois. On savait bien que déjà une peine sévère lui était infligée; mais on s'embarrassa peu d'augmenter les angoisses, les tortures d'un pauvre prisonnier, qui commençait à se résigner à son triste sort. Sans doute, on n'avait aucun reproche nouveau à lui adresser; mais comme il avait été arrêté dans les environs de la Chapronniére, il devenait utile, nécessaire aux vues de l'accusation, qui, dès lors, le redemanda impitoyablement.

Je ne chercherai point, messieurs, à vous dissimuler les inclinations de mon jeune client pour la chouannerie. Pineau a tout franchement avoué, dans son dernier procès, que cette vie aventureuse, toute de mouvemens, d'excursions, qui plaît tant à la jeunesse, le séduisit de bonne heure. Dans son imagination de vingt ans, il ne trouvait pas la vie d'un chouan, si complète de fatigues et de privations; et puis, je dois le dire, les sentimens et les convictions politiques n'avaient pas été étrangères à sa détermination. Pineau ne songea pas à se rendre, car il voyait

les amnisties continuellement violées à l'égard de ceux qui,
d'après des promesses publiques, faisaient leur soumission, et venaient bientôt après, expier dans les cachots,
leur trop aveugle confiance dans la foi jurée !... Pineau
restait donc fugitif et caché, attendant sans doute, l'occasion de combattre ; car, si une héroïque princesse était venue dans ces contrées, et qu'elle eût fait dire partout : *Ma-*
dame est au milieu de vous, elle compte sur vous, elle vous con-
vie à vous rallier autour de son blanc drapeau! Alors Pineau
n'eût pas hésité un instant ; il fût parti avec ses compagnons
pour servir la cause de son cœur, car avant tout, c'est un
Vendéen brave et fidèle...

Je vous ai dit, messieurs, que je ne dissimulais ni les
inclinations, ni les opinions de Pineau ; et je vous le repète sans crainte, parce qu'elles ne peuvent et ne doivent
produire aucune impression sur vos esprits. En effet, messieurs, il ne vous appartient pas de le juger à cet égard ;
déjà 8 années de détention sont la dure punition de ses
actes dans la chouannerie. Je me hâte de vous dire
que ses actions ont été purement politiques, et que jamais
mon client n'a mérité un seul reproche sous le rapport de
la probité ; il a été chouan, il en est convenu, et déjà
on a apprécié sa conduite. Je vais vous prouver que tout
a été compris dans son procès et dans sa première condamnation.

François Pineau entra au mois de juin 1831, dans la
bande commandée par Sortant ; ce dernier ayant fait sa
soumission, mon jeune client se présenta à Constantin de
Cacqueray qui l'admit au nombre de ses soldats. Pineau y
resta jusqu'à l'époque, où Cacqueray lui-même fut fait prisonnier par la troupe de ligne.

Après cet événement, la bande de Cacqueray fut divisée,
elle se dispersa sur divers points, sans aucune organisation.

Les bandes, ou plutôt les fractions de bandes, ne se composaient donc plus que de sept ou huit hommes qui restaient presque continuellement cachés, et ne se réunissaient parfois, que pour recevoir des ordres, ou pour se les communiquer. Pineau, après avoir quitté Buffard, s'était réuni depuis quelques jours à Sailles et à Cailleau, avec lesquels il fut arrêté. Vous vous rappelez ce qui est resté constant au procès, c'est qu'aucun acte particulier ne lui est attribué, ni reproché. En un mot, le seul fait contre Pineau, c'est son arrestation. Son seul crime est d'être resté dans les bandes, d'avoir été pris avec Sailles et Cailleau, car Pineau n'a pas repris les armes, il les a constamment gardées, on ne peut donc pas l'accuser de récidive.

Ici, messieurs, je place Pineau sous la protection de ce principe équitable de la loi, du principe appelé *non bis in idem*, qui ne veut pas qu'un individu puisse être condamné deux fois pour les mêmes actes, car je soutiens que l'accusation ne peut pas même s'emparer du fait de l'arrestation contre Pineau, puisque, à ce sujet déjà, il a rendu compte à la justice, devant la Cour d'assises de Blois. On lui a demandé s'il avait été pris les armes à la main, et sans doute sa réponse affirmative, en donnant plus de gravité à sa position, a contribué beaucoup à déterminer le juri et la cour à prononcer un arrêt aussi sévère contre lui. Je persiste donc à prétendre que Pineau n'a rien à débattre ici avec l'accusation, qui n'a à sa charge, non-seulement pas un seul fait, mais même une simple présomption.

Bien plus, messieurs, il est constant que Pineau n'a pris part à aucun des faits signalés dans ces solennels débats, il n'était que depuis très-peu de jours, avec Sailles et Cailleau, lesquels s'étaient séparés de Buffard, qui seul, avait eu quelque relation avec la Chapronnière.

Pineau, comme le prouvent tous ses interrogatoires, et

comme l'ont démontré ces débats, n'a jamais dit avoir vu
M. Cathelineau, il ne l'a jamais vu de sa vie, il est, en un
mot, resté dans tous les temps complétement étranger à la
Chapronnière, où il n'a pas été une seule fois, comme l'a
déclaré Guinehut.

Il n'a jamais vu M. Moricet, il n'a jamais vu non plus
M. de Civrac, il ne l'a jamais connu, il ne l'a jamais
connu surtout comme conspirateur.

Je me trompe, messieurs, il y a au château de Beaupréau,
comme à quelques lieues de cette cité, et presque sous vos
yeux (*) une vaste conspiration, dont tous les membres
de cette famille se font à la fois un devoir et un honneur
d'être les infatigables agens et les plus ardens complices. A
Beaupréau, en effet, il y a un complot dont les ramifications sont immenses, contre l'indigence de la veuve et de
l'orphelin; à Beaupréau aussi, la charité apparaît sous
toutes les formes; on poursuit sans relâche la maladie et
la douleur jusque sur le plus obscur grabat, on relève la
chaumière incendiée des pauvres; à Beaupréau, aussi, la
renommée répand chaque jour la nouvelle des bienfaits qui
se multiplient, et appelle leurs auteurs la providence de toute
la contrée; voilà, messieurs, comment le nom de M. de
Civrac est souvent arrivé aux oreilles de Pineau, et en
vous le redisant, je ne cède pas seulement à un sentiment
d'admiration que vous partagez avec moi, je suis heureux
et fier de remplir une mission que m'a confié mon jeune
client.

J'avais donc à la fois, droit et raison de vous dire, que
jamais Pineau n'avait pu connaître les prétendus projets de

_____

(*) Le château de Fontpertuis, à Lailly, près Beaugenci (Loiret),
appartenant au frère de M. de Civrac, à M. le duc de Lorges, dont
les aumônes et les bienfaits font vivre tout le pays.

la Chapronnière, et maintenant surtout qu'on vous a démontré si éloquemment qu'il n'y avait pas, qu'il ne pouvait y avoir un complot, je puis m'indigner en voyant que
l'arrestation de Pineau dans le voisinage de la Chapronnière,
est la seule cause de sa présence sur ces bancs, puisqu'on
n'a pu produire contre lui aucun fait qui puisse être incriminé. Le principe *non bis in idem*, doit donc subsister pour
lui dans toute sa force, car, je vous le répète, et je dois
insister beaucoup sur ce point, le fait de l'arrestation ne
tombe même plus dans le domaine de l'accusation, puisque
Pineau a déjà déclaré une première fois, à Blois, qu'il avait
été pris les armes à la main. L'arrêt de Blois, qui passera
sous vos yeux, vous convaincra qu'en effet, il a été condamné pour les mêmes faits; ainsi tombe d'elle-même cette
accusation de complot et d'attentat, dirigée ou plutôt re-
nouvelée sans raison aucune, contre mon jeune client, qui
est si sévèrement *puni*.

Vous comprendrez, messieurs, ce que je vous ai déjà
signalé avec énergie; c'est que l'acte d'accusation n'a appelé
sur ces bancs le jeune Pineau, que pour en créer un prétendu complice; on l'a traîné à la Cour d'assises, pour faire
nombre; c'est plus qu'une erreur, c'est une cruauté; car
on n'a contre lui aucune espèce d'acte qui puisse lui être reproché.

Messieurs les jurés, Pineau, déjà condamné à 8 ans de
détention, a montré, quoique jeune encore, le caractère
d'un homme de parti; il s'est résigné avec calme et fermeté
à subir les conséquences de sa conduite; mais une nouvelle
condamnation le plongerait dans le découragement et le
désespoir, parce qu'il ne peut comprendre cet acharnement
contre lui. En vain, il a interrogé sa vie de chouan toute
entière, il n'a pu y rencontrer un seul acte dont la justice
ne se soit déjà emparé, et qu'à Blois il n'ait trouvé compris dans son jugement.

Une seule année de plus, déconcerterait ses calculs, renverserait toutes ses espérances; car le pauvre prisonnier de Blois avait déjà, si je puis m'exprimer ainsi, arrangé tout son avenir de prison ; il a écrit à sa mère et à sa famille le jour de sa première, et, j'en suis déjà convaincu, de sa seule condamnation, qu'il la verrait, qu'il l'embrasserait dans huit années. . . . Ce ne serait donc pas seulement, messieurs, ces calculs si touchans, ces douces espérances de l'accusé, que votre arrêt détruirait; ce serait quelque chose de plus sacré encore, les calculs et les espérances de la pauvre chaumière, où Pineau est si impatiemment attendu, et que pourtant il ne doit revoir qu'après que sa jeunesse aura été épuisée et flétrie dans les cachots et sous les verroux.

Vous vous refuserez, messieurs, à aggraver la position déjà si affreuse de mon jeune client, et votre justice lui sera favorable.

Je m'arrête, messieurs; je ne crains pas votre jugement pour Pineau, je ne le redoute pas non plus pour tous les autres accusés, j'en appelle au sang de Cathelineau, que vous avez eu sous les yeux, et dont le seul souvenir vous fait frémir d'horreur; ce sang vous demande impérieusement une prompte et entière réparation, pour l'honneur du pays, pour celui de notre brave armée. . . .

A ce moment, messieurs, je donne un libre cours à mon indignation, et je vous l'exprimerai sans haine de parti: je n'accuserai pas le pouvoir, je ne me livrerai pas contre lui à d'inutiles récriminations; mais comme citoyen et comme français, je demanderai un compte sévère à ses agens qui ont été assez audacieux ou aveuglés, pour ne pas craindre de récompenser le meurtre d'un Français, d'un Cathelineau, et je leur crierai de toute la force de ma douleur : « Il fallait plutôt enlever à cet homme son uni-

13

» forme et ses épaulettes, car ils sont couverts de sang; et
» d'un sang qui n'a pas été versé dans les combats; il
» fallait, plutôt que de sanctionner son crime par le signe
» de la bravoure, lui jeter, puisque cela coûte si
» peu, quelques centaines de mille francs, et payer le
» meurtrier, comme on a payé le traître et l'infâme qui a
» vendu et livré une noble femme!!.. » Ainsi, du moins,
on n'eût pas compromis la glorieuse croix d'Iéna, de
Wagram, d'Austerlitz, de Navarin et d'Alger; l'armée
française n'eût pas vu son honneur outragé, et on ne l'eût
pas blessée par cette incroyable récompense!!..

Je vous le répète, messieurs, il est digne de vous, de
commencer une réparation par un verdict complet d'acquittement.

Mᵉ Johanet reçoit les félicitations de ceux qui l'entourent.

RÉPLIQUE DE M. L'AVOCAT-GÉNÉRAL.

Si j'ai bien saisi l'ensemble des plaidoiries, la défense
se réduit à une double proposition : Cathelineau n'a pas
conspiré; alors l'accusation tombe. Il a conspiré; mais les
accusés n'étaient pas ses complices : l'accusation, en adop-
tant ce système, serait encore détruite.

On vous a donné lecture des lettres de Cathelineau : dans
ces deux lettres sans doute, il ne fait aucune confidence;
mais à qui écrivait-il? à une femme qui habite cette ville,
femme modèle de vertu et de pieuse charité. Dans ces
lettres il n'a qu'un but : celui d'appeler d'une manière déli-
cate l'intérêt de cette vertueuse dame, sur la malheureuse
position de sa famille.

Je crois fort bien que Cathelineau, réduit à ses propres
ressources, eût été fort embarrassé de fournir aux frais
d'une insurrection.

Mais ce que l'accusation reproche à Cathelineau ce sont ces amas de poudre et de balles réunis par lui à la Chapronnière. Est-ce ou n'est-ce pas par l'entremise de Cathelineau que ces munitions arrivaient à la Chapronnière ?

Et ces bons, ces bons qui, à eux seuls, constituent un corps de délit, ont-ils été lancés chez Guinehut, comme certaines proclamations l'ont été dans quelques habitations?

Il y a preuve acquise que six semaines avant l'arrestation, il y avait conjuration commencée par Cathelineau. C'est dans cet intervalle qu'il s'est rendu au château de la Chapronnière.

Cathelineau a été tué le 27. Eh bien, ce jour-là, n'est-il pas constant que, dans les landes de la Jubaudière il a été dit à Sailles et à Cailleau, que le signal de l'insurrection était imminent. Ce même jour le même individu est venu leur donner contr'ordre.

On a dit que le maire et le sous-préfet, n'ayant rien su de ce qui devait avoir lieu, la partie avait été formellement remise. Ces fonctionnaires ont pu ignorer que les conspirateurs eussent tel projet spécial, sans pour cela ignorer l'existence première du complot.

Mais, le même jour, le lieutenant Mazion est informé que des troubles vont éclater; jamais complot ne fut mieux prouvé.

La culpabilité de MM. de Civrac et Moricet sera l'objet d'ultérieures appréciations ; mais quand à Cathelineau, il est établi suffisamment qu'il a été trouvé au milieu de tous les élémens d'une guerre civile.

Les charges contre MM. de Civrac et Moricet ont été réduites par les débats ; je ne vois contre eux que les propos de M. de Civrac à l'égard des paysans de Jallais,

Quant aux bons, ils ont été apportés de Beaupréau chez Guinehut par Guinehut lui-même, ouverts et examinés en présence de MM. de Civrac et Moricet.

Ces deux accusés ont-ils dû croire au coup imminent
d'un mandat d'arrêt? S'ils ne peuvent le prouver, leur participation aux mouvemens médités devient incontestable. En
un mot, étaient-ils cachés à la Chapronnière, par crainte,
ou par désir de diriger l'insurrection. Voilà l'une des plus
graves questions du procès, quant à eux. Quoiqu'ait fait la
défense je la crois résolue contre eux.

Guinchut a-t-il volontairement reçu, ou involontaire-
ment les objets déposés chez lui? ou, n'a-t-il été qu'un
être passif au milieu de ces événemens, qu'une machine, en
un mot. L'estimable avocat qui l'a défendu, n'a pas ce me
semble, établi cette dernière hypothèse d'une manière plau-
sible.

Guinehut a-t-il été sous le poids d'une démence complète,
ou d'une influence irrésistible? Nous verrons ce que l'on
répondra là-dessus.

Je dis d'abord que cette exception est en-dehors de la juridiction qui vous est attribuée: en droit, cela est inadmis-
sible. Guinehut pouvait refuser.

Un domestique, par l'ordre de son maître, commet un
acte répréhensible; viendra-t-on dire: qu'ayant agi sous
l'empire d'une influence, il est innocent.

M. l'avocat-général cite à l'appui de cette argumentation,
deux arrêts de 1807 et 1810, qui détruiraient ce système
adopté par la défense.

M. l'avocat-général donne une nouvelle lecture de ces
expressions de regret de Guinehut arrachés à celui-ci par
le chagrin de s'être laissé aller aux séductions qui ont eu
pour lui des suites si funestes. L'organe du ministère public
insiste beaucoup sur un *pluriel* qui se trouve dans la rédaction de ces aveux, et de là, il tire cette induction: que Cathe-
ineau, et d'autres personnes avaient abusé de la naïve
crédulité du fermier de la Chapronnière.

Les papiers coupés d'une façon convenue entre ce dernier et Cathelineau sont encore l'objet d'une discussion du ministère public.

L'argument du défenseur de Pineau est également combattu par M. l'avocat-général qui réfute le point de droit *non bis in idem* invoqué par ce défenseur; l'organe du ministère public soutient, que cette discussion est en-dehors de la discussion actuelle, et qu'elle ne sera convenablement placée qu'après la réponse du juri, lorsqu'il sera question devant la Cour de l'application de la peine.

A l'égard de Sailles, M. l'avocat-général soutient l'accusation. Il déclare que cet accusé ayant été trouvé muni d'un passeport fort en règle délivré à Nantes, le ministère public va établir une correspondance active avec les autorités de cette ville, dans le but de savoir, à l'infidélité de quel fonctionnaire, Sailles a dû ce titre, aussi illégalement délivré.

Sailles et Cailleau ont été trouvés armés, leurs fusils chargés; ils vivaient dans les bois, loin des hommes, comme des gens qui ont rompu avec la société.

A l'égard de la définition du mot *complot* ; je reviens sur ce que j'ai dit à une précédente audience. Il faut pour qu'il y ait complot plus que des idées vagues, des projets mal arrêtés, il faut la volonté formelle d'agir, par plusieurs personnes qui, pour l'exécution de cette volonté, ont une sorte d'acte de société avec résolution d'agir. A l'égard de Cathelineau, il est assez prouvé qu'il était dans ce cas prévu. Pour Guinehut il a recélé les armes, les munitions nécessaires au complot: il en est donc co-auteur; à son égard il n'y a pas attentat, mais il y a participation au complot.

M. l'avocat-général après quelques autres argumens en faveur du système de l'accusation, déclare persister dans ses conclusions

Me Janvier a été chargé de la réplique au nom de tous les accusés. Il avait trop complètement plaidé la cause de MM. de Civrac et Moricet, pour avoir besoin de répondre avec détail, aux nouvelles objections du ministère public.

Il a également parcouru avec rapidité, les objections relatives à Sailles, à Cailleau, à Pineau, dont, par une tactique de procédure, on avait joint la cause à celle de M. de Civrac, et qui, suivant l'avocat, devaient être protégées par cette connexité tutélaire.

La réplique a principalement été vouée à Guinehut, dont la position semblait la plus périlleuse.

Je pourrais le laisser, a dit Me Janvier, sous la protection de la défense qui vous a déjà été présentée par un homme, chez lequel la plus pure vertu s'allie au talent, et qui, après avoir honoré le ministère public, honore aujourd'hui le barreau ; parce que des hommes tels que lui, honorent également toutes les positions. Après ce juste hommage à l'habileté et au caractère de son collègue Me Des Portes, Me Janvier, sous une forme nouvelle, résume les moyens déjà développé, et en présente de nouveaux.

Il continue ainsi :

Une réflexion, déjà vous a été présentée, que je reproduis : si Cathelineau était assis sur ce banc, il assumerait sur lui la responsabilité des actes, dont on poursuit le châtiment dans le malheureux Guinehut. Le ministère public lui même l'eût dédaigné, s'il eût trouvé un plus grand coupable, un coupable plus digne de ses colères. Le pauvre Guinehut eût été absorbé dans Cathelineau, et Cathelineau, tout le premier, eût cherché à faire oublier Guinehut ; il vous eût dit : C'est moi qui l'ai séduit, qui l'ai entraîné, et moi seul je suis donc coupable, moi seul je dois être condamné.... Et vous ne le condamneriez point, ou du moins, il n'aurait point à craindre pour sa vie. Eh bien ! il a payé de sa vie, son crime prétendu. C'est une victime que réclame la justice.... Elle lui a été fournie par anticipation.... Que désire-t-on de plus ; que vous parle-t-on d'expiation ?... Cathelineau n'a-t-il pas été indignement fusillé !!!

Messieurs, vous me rendez témoignage que je n'ai pas demandé vengeance contre son meurtrier. J'ai appelé sur lui le pardon, que Cathelineau lui accorde du séjour des élus.

Cathelineau joignait à un courage de lion la mansuétude du chrétien. C'eût été mal honorer sa mémoire par des paroles de haine et de ressentiment. Je n'ai eu que des accens miséricordieux, parce que j'étais inspiré de l'esprit de la victime, et c'était une piété envers elle, de ne pas tenir ce langage, qu'elle eût démenti du fond de son cercueil.

J'ai pardonné au lieutenant Regnier, et sa grâce est tombée d'une bouche qui aurait eu le droit de le maudire.

Je suis encore sous l'émotion d'un récit qui vient de m'être fait, et dont la source est irrécusable...

Un des fils de Cathelineau, un de ses enfans que la destinée paternelle aurait dû protéger, et que la justice de l'Ouest n'a pas épargné, a subi la vue du meurtrier de son père, et, à son aspect, il s'est senti tressaillir. Il s'est demandé, s'il n'y avait pas une justice supérieure à la justice sociale, et si, de par cette justice naturelle, le bras d'un fils ne pouvait légitimement s'armer pour venger la mort d'un père ; si en pareil cas la représaille n'était pas sacrée, et s'il n'y avait pas lieu d'appliquer la loi terrible, mais équitable, qui dit : *Le sang pour le sang.*

Oui, ces pensées d'une vérité profane ont traversé la conscience du fils de Cathelineau ; mais il s'est ressouvenu des préceptes et des exemples paternels ; le sentiment chrétien a prévalu, et il s'est écrié : AU NOM DE MON PÈRE, PUISSE DIEU PARDONNER A REGNIER, COMME JE LUI PARDONNE MOI-MÊME !....

Que le lieutenant Regnier apprenne ces sublimes paroles, et ce sera assez pour sa punition !

Et quant au malheureux Cathelineau, ses mânes, pour être

satisfaites, ne demandent plus que l'acquittement de Guinehut. En faveur de celui-ci, ne s'élève pas seulement, la
sollicitation puissante et sacrée du sang injustement répandu.

Guinehut est le type le plus pur du fermier vendéen ; il
se recommande à vous par sa probité, par ses bonnes mœurs,
par sa piété naïve et si ardente.

Il vivait dans ses devoirs et ses affections domestiques.

Le hasard seul l'a mêlé à des intrigues politiques. Il était
adonné à la culture de ses champs. Depuis huit mois qu'il les
a quittés, l'ivraie les a couverts.

Ah ! rendez-le à sa charrue, car sa charrue lui donnera
les enseignemens dont vous croyez qu'il a besoin encore.

En la promenant dans ses sillons, il exhumera de leur sein
quelques débris brûlés, quelques ossemens blanchis, et ces
saintes reliques lui révèleront ce que les guerres civiles
rapportent au peuple qui s'y dévoue : la destruction et la
mort.

Guinehut ne risquera plus de compromettre la paix et le
bonheur de sa famille ; rendez-le au foyer de ses pères, à ce
foyer où chaque soir, sa femme s'assied douloureusement au
milieu de ses sept enfans, et où tous parlent avec des larmes,
de ce mari et de ce père, qui leur manque depuis si long-
temps.

Oui, vous leur rendrez ces douces veillées, qui les dé-
lassaient de leurs travaux, et où ensemble ils bénissaient
le ciel des prospérités qu'il accordait à leur humble condition.

Hâtez-vous de les leur rendre, ces veillées, qu'ils regrettent,
et la pensée qu'ils vous les devront, vous suivra au sortir de ce
sanctuaire. Elle rendra moins amers les souvenirs que laissent
souvent vos pénibles fonctions.

Hier, je ne vous parlais que de justice, aujourd'hui que je

consacre ma voix à un obscur accusé, je puis vous parler de clémence. La clémence et la justice sont sœurs; elles ont leur sanctuaire dans la conscience de l'homme de bien. Vous prononcerez, sous leur double inspiration, un arrêt que je vous ai annoncé, réconciliateur entre la Vendée et la France.

Il doit vous être doux, et il vous sera glorieux, d'avoir préparé ce jour où il sera donné à la patrie de dire : « Tous » mes fils ont enfin jeté loin d'eux l'épée de la guerre civile ; » ils se sont tendu, ils se sont serré la main ; l'alliance est à » jamais consommée ; je suis heureuse et je suis forte de leur » union ; désormais je puis m'élancer vers les destinées qui » m'appartiennent. A Dieu ne plaise, que je veuille de » nouveau, subjuguer le monde par les armes ; je veux mar- » cher à sa conquête par les idées ; je veux par mes exemples » les exciter à une civilisation libérale, philosophique, re- » ligieuse, et les nations, dans leur libre reconnaissance, me » salueront leur reine et presque leur providence.

» Alors ! alors, plus que jamais, je pourrai m'écrier : je » suis, oui, je suis la grande nation !!!... »

(Nous regrettons vivement de n'avoir pu donner en entier l'éloquente réplique de Mᵉ Janvier. Comme son premier dis- cours, elle a tellement entraîné et attendri ses auditeurs, que M. le président, s'adressant à MM. les jurés, leur dit d'une voix émue :

Messieurs, il me serait impossible, dans le trouble où je suis, de résumer les débats avec l'impartialité que je dois mettre comme président ; l'éloquence entraînante de Mᵉ Jan- vier a faite sur moi, l'impression que vous ressentez tous, il est facile de s'en apercevoir ; vous ne pourriez, comme juges, apporter la haute justice qui doit présider à vos délibérations. Il nous faut le temps de reprendre le calme qui nous est nécessaire dans une affaire de cette gravité. La séance est levée et sera reprise à 6 heures. (Il est 4 heures. Il est impossible de décrire l'agitation de la salle entière.)

RÉSUMÉ.

L'audience est reprise à six heures et demie.

L'assemblée n'a (pour nous servir des expressions de M. le président) pris que le temps de dîner. Elle est dès six heures, réunie. On y remarque un plus grand nombre de dames qu'à la séance du matin. Les accusés sont conduits à leurs bancs. Profond silence.

M. le président commence aussitôt le résumé des débats ; nous regrettons de ne pouvoir donner en entier le discours qu'il prononce, et qui dure trois heures.

Il s'attache à expliquer les raisons qui l'ont déterminé à placer un intervalle entre le dernier discours de M⁰ Janvier et le verdict du juri. Les paroles puissantes de l'avocat ont, dit-il, remué tous les cœurs. Moi-même, pour être magistrat, je n'en suis pas moins homme, et après l'entraînante plaidoirie que je venais d'entendre, je ne me sentais pas capable d'analyser, de reproduire froidement tous les points qui ressortent des débats de ce long procès. L'accusation, continue M. le président, a pour objet cette question d'une si haute gravité. Une conspiration vaste, dont les ramification s'étendaient au loin a-t-elle existé? Ah! messieurs, il n'est que trop certain que cet immense complot, qui, dominant dans tout le Midi, venait ceindre la Vendée d'un réseau funeste, a été médité à l'avance; qu'il a eu lieu : le nier est impossible. Ici M. le président suit avec étendue les investigations auxquelles on s'est livré pour édifier l'accusation. Cette recherche, dit-il, le force à remonter à des temps qui ne sont plus que de l'histoire.

Après cette excursion vers les précédens historiques du procès, M. le président fait cette remarque : Il est des temps où la loi n'est pas toujours à côté de la vertu.

Ici M. le président cherche à établir que ces temps ne sont plus les nôtres.

On a parlé, reprend-il, de la conviction profonde, qui, sur certains accusés, attire un puissant intérêt ; on a parlé de la conviction sous l'empire de laquelle Cathelineau aurait agi dans les déplorables événemens qui ont donné matière à l'accusation, et qui ont causé la mort de ce brave défenseur de la cause royale. Mais, messieurs, si lors de l'affreux attentat du 13 février 1820, Louvel, couvert d'un crime qui terrifia la France, était venu parler à la Cour suprême devant laquelle il était traduit, de la conviction qui avait armé son bras, de la conviction qui l'avait poussé à un attentat effroyable, pensez-vous qu'il n'eût pas été facile de lui prouver, que cette conviction était un crime atroce ?

A Dieu ne plaise, que le moindre rapprochement soit fait ici entre cet assassin et le loyal Vendéen, prêt à combattre pour le drapeau qu'avait défendu son père ; mais toujours est-il que Cathelineau, méditant un complot, que Cathelineau amassant des armes pour la guerre civile, se rendait coupable d'un crime, qu'aucune conviction de sa part ne saurait justifier s'il était sur ces bancs.

(L'espèce d'analogie que signale M. le président paraît si étrange, que c'est à peine si on croit l'entendre. Il est visible cependant qu'il n'y met pas l'intention que l'on pourrait supposer.)

Revenant à l'organisation insurrectionnelle de la Vendée, M. le président remonte jusqu'à 1830, époque où le général Despinois vint avec deux régimens de cavalerie à Beaupréau. Dès ce moment, toutes les idées qui avaient soulevé les vieilles guerres, et qui dormaient au cœur des Vendéens, dès ce mo-

ment ces idées reparurent et se répandirent dans la contrée
avec la rapidité de la foudre. Des foyers insurrectionnels s'é-
tablirent. D'ailleurs, on a su par de vieux documens que chaque arrondissement avait ses cadres tout prêts, et qui plus
est, son chef; chef que l'on aurait choisi à chaque localité dans
la personne la plus influente du pays, qui eût été portée là,
peut-être, bien malgré elle.

C'est ce qui, sans nul doute, serait arrivé en pareil
cas, à M. de Civrac. On a prétendu que le complot
n'attendait pour se former que des instructions venant
de loin. Messieurs, le complot était tout prêt, il était
dans le cœur de tous les Vendéens, il avait été fomenté,
travaillé à l'avance.

M. le président fait ressortir les parties du réquisitoire qui établissent une organisation militaire dans la
Vendée, en prenant les preuves dans l'existence des
bons de fournitures trouvés à la Chapronnière.

A l'égard de M. de Civrac, M. le président ajoute :

M. de Civrac aurait pu être, sans le vouloir, le drapeau
du parti vendéen à Beaupréau, comme en juillet M. de
Lafayette a été celui des insurgés, quoiqu'il fût encore
à sa campagne au moment du combat.

M. le président, entrant dans les détails de la mort
de Cathelineau, trace un tableau des impressions sous lesquelles agissaient tous les acteurs de ce drame lugubre. Le
lieutenant Regnier, dit-il, a cherché par tous les moyens
à écarter tout ce qu'il y a d'odieux dans cette mort
dont il est l'auteur; pressé de se disculper, il a recours,
dit M. le président, à une excuse qui est un mensonge, à un pistolet que Cathelineau, en sortant de la
trappe, aurait déchargé sur les militaires, et à l'appui
de cette justification, on a cité ce qu'il avait dit à
Guinchut après le tragique événement : malheureux !

en t'obstinant à taire que tu cachais des individus, tu as causé la mort d'un homme !

Il faut bien remarquer, dit M. le président, quelles pouvaient être les appréhensions de Regnier ; il se croyait au milieu de la guerre civile, il marchait, dans cette expédition avec crainte, environné de dangers, *inter tela*, *inter ignes*. La trappe s'ouvre : un homme paraît : Regnier se croit tombé dans un guet-apens, il saisit un fusil, tire lui-même ; et Cathelineau est frappé à mort. Je ne chercherai pas davantage, si Regnier, pour s'excuser, s'est réfugié dans un mensonge officieux.

Mais s'il était vrai qu'il eût reçu la croix d'honneur pour le fait de la mort de Cathelineau, il l'eût refusée sans doute ; s'il en était autrement, il serait indigne de figurer dans les rangs de l'armée française, il en serait ignominieusement chassé. Il n'a que 22 ans, il a, nous devons le supposer, mérité pour d'autres faits la haute récompense qui lui a été accordée.

Supposer le contraire, serait au reste offenser le Gouvernement que j'ai l'honneur de servir.

M. le président résume ensuite les faits résultant des débats, et relatifs à la défense de chacun des accusés.

Il termine en donnant lecture au juri des questions suivantes sur lesquelles il devra prononcer.

Question première : Alexandre Emeric de Durfort, marquis de Civrac, Armand Félix Moricet, Réné Michel Brouard, Pierre Guinehut, Jean Sailles, dit l'Espérance ou le Nantais, Jean Cailleau, dit Tête-Carrée, François Pineau, Mathurin Clément, François Sinan, Elie Charles Valentin Lhuillier, sont-ils coupables, d'être co-auteurs d'un complot formé depuis la révolution de juillet, dont le but était, soit de détruire ou de changer le gouvernement ou l'ordre de successibilité au trône ; soit d'exciter

les citoyens ou habitans à s'armer contre l'autorité royale ,
soit d'exciter la guerre civile ; en armant ou en portant les
citoyens ou habitans à s'armer les uns contre les autres?

Le complot mentionné en la question qui précède , a-t-il
été suivi d'un ou de plusieurs actes commis ou commencés
pour en préparer l'exécution.

Question subsidiaire à la première question: en tout cas,
Brouard , Guinehut, Saillès , Cailleau , Pineau , Sinan et
Lhuillier , sont-ils coupables de s'être rendus complices dudit complot ci-dessus spécifié et caractérisé , et de la circonstance aggravante qui l'accompagne, pour avoir avec
connaissance, aidé ou assisté l'auteur, ou les auteurs dudit
complot , dans les faits qui l'ont préparé ou facilité ou dans
ceux qui l'ont consommé ?

Question deuxième : Sailles , Cailleau , Pineau et Sinan:
sont-ils coupables d'être co-auteurs d'un attentat commis dans
le cours de l'année 1832, jusqu'au 28 juin, par une bande armée , dans le département de Maine-et-Loire , et les départemens limitrophes; attentat dont le but était , soit de
détruire ou de changer le gouvernement ou l'ordre de successibilité au trône; soit d'exciter les citoyens ou habitans
à s'armer contre l'autorité royale; soit d'exciter la guerre
civile , en armant ou en portant les citoyens ou habitans à
s'armer les uns contre les autres , soit de porter la dévastation , le massacre et le pillage , dans une ou plusieurs
communes.

Cet attentat a-t-il été exécuté? cet attentat a-t-il simplement été tenté, et, dans ce cas, cette tentative, manifestée par
un commencement d'exécution , n'a-t-elle manqué son effet
que par des circonstances indépendantes de la volonté de son
auteur ou de ses auteurs?

Première question subsidiaire à celle qui précède : Lesdits
Sailles, Caillau , Pineau et Sinan , sont-ils, en tout cas, cou-

pables d'avoir fait partie de ladite bande armée lors dudit attentat , et d'avoir été saisis dans les lieux de la réunion séditieuse ?

Deuxième question subsidiaire : Lesdits Sailles , Cailleau , Pineau et Sinan , sont-ils, en tous cas encore, coupables de complicité de l'attentat ci-dessus qualifié, pour avoir, avec connaissance , aidé ou assisté l'auteur ou les auteurs de cet attentat, dans les faits qui ont préparé sa tentative ou son exécution ?

Troisième question subsidiaire: Lhuillier est-il coupable de complicité de l'attentat ci-dessus qualifié et caractérisé , soit qu'il ait été exécuté, soit qu'il ait été simplement tenté , et ce, en donnant des instructions pour le commettre?

Question résultant des débats: Guinehut est-il coupable d'avoir , connaissant le but et le caractère de la bande mentionnée en la troisième question, fourni sans contrainte, des logemens ou lieux de retraite à cette bande, ou à partie de cette bande?

Me Janvier prend la parole sur la position des questions soumises au juri : Il s'oppose à la position de la dernière question, concernant Guinehut, parce qu'elle n'est pas connexe à l'affaire qui occupe la Cour, et ensuite parce qu'elle aggraverait le sort de l'accusé ; et, en effet, dit le défenseur, les faits concernant Guinehut, n'entraînent contre lui que la peine de mort ou celle de la déportation, tandis que la nouvelle question, si elle est résolue affirmativement par MM. les Jurés, entraîne (ce qui ne peut entrer dans leurs intentions) une peine infamante, celle des travaux forcés à temps, et pourrait-on appliquer une pareille peine à un si honnête homme?

Me Bouhier de l'Ecluse , relativement à Sailles et Cailleau, pose ensuite des conclusions tendant à ce qu'il plaise à la Cour, donner acte de ce qu'il s'oppose à la position des questions qui ont été lues, attendu, qu'elles portent sur les mêmes faits, pour lesquels ses cliens ont été jugés et condamnés.— Le défenseur énonce ses conclusions sans en développer les motifs.

M. le président : La discussion que provoque le défenseur est intempestive ; je suppose qu'il y ait condamnation de la part du juri : la Cour verra si elle doit appliquer des peines.

Mᵉ de l'Ecluse : Je conclus à ce que les questions ne soient point posées.

M. le président : Il est nécessaire que l'accusation soit purgée ; je dois donc poser ces questions.

Mᵉ Janvier expose qu'il est bon que les défenseurs, pour réserver les droits de leurs cliens, prennent à l'avance des conclusions, avant l'acquittement légal dont a parlé M. le président. Revenant à la question posée concernant Guinehut, le défenseur fait valoir, que dans l'acte d'accusation, l'accusé ne se trouve pas compromis par rapport aux bandes, mais qu'il n'y est accusé que de complot. Il n'est donc pas possible légalement de prononcer contre Guinehut, une condamnation sur la question combattue.

Mᵉ Janvier supplie la Cour de réfléchir, si une condamnation flétrissante, est applicable à Guinehut ; il démontre combien peu la peine des galères est en harmonie avec les faits qui ont amené ce fermier sur le bancs des accusés.

Mᵉ Des Portes, défenseur de Guinehut, prouve que l'article 99 s'applique à toute autre sorte de bandes qu'à celles dont il a été jusqu'ici question dans les procédures. L'acte d'accusation n'implique que les art. 87 et 91 du Code pénal : et l'accusation ne peut se dégrader.

La Cour se retire pour en délibérer.

Après une courte délibération, la Cour rend un arrêt par lequel,

Vu les conclusions posées par Me de l'Ecluse;

Vu celles posées par Me Des Portes;

Ensemble les articles 337 et 338 du Code d'instruction criminelle;

En ce qui touche les conclusions posées par Me de l'Ecluse, maintient les questions qui ont été posées;

En ce qui touche les conclusions posées par Me Des Portes.

Considérant que les faits mentionnés dans la question posée au juri, ne sont pas spécifiés dans l'acte d'accusation.

Annule cette question.

Après cet arrêt de la Cour, MM. les jurés se retirent pour délibérer.

Après une demie heure de délibération, le juri rentre dans la salle, et son président déclare que sur toutes les questions, la réponse est : NON, LES ACCUSÉS NE SONT PAS COU-PABLES.

Le verdict d'acquittement, écouté dans le plus profond silence, était à peine prononcé par M. le président, que l'auditoire n'a pu contenir plus long-temps des applaudissemens plus promptement réprimés par le sentiment des convenances, que par la sévère allocution du président. L'adhésion la plus unanime à la sentence du juri, et une vive sympathie se sont manifestées en faveur des accusés, qui ont été rendus tout de suite à leurs nombreuses familles et à leurs amis.

Les félicitations les plus affectueuses adressées aux défenseurs et à leurs cliens, ont retardé un instant la sortie de l'assemblée; chacun s'est retiré à minuit, le cœur plein des

14

vives impressions que lui avait fait éprouver le haut intérêt des débats, le talent des défenseurs et la noble attitude des accusés.

Une souscription est ouverte immédiatement pour la famille de Cathelineau, au bureau de l'*Orléanais*. Nous apprenons à l'instant que la *Gazette du Nivernais*, celle de *Picardie*, le *Rénovateur Breton et Vendéen*, etc. se sont associés spontanément à cette œuvre.

On compte sur la coopération d'autres journaux, soit de Paris, soit des provinces. La distribution des fonds sera confiée à un conseil composé de :

Mme la marquise de LA ROCHEJAQUELEIN ;

M. le marquis de CIVRAC ;

M. MORICET.

NOTE.

C'est par erreur que l'on a fait dire à Me Janvier que le malheureux Cathelineau était filleul de Mme de La Rochejaquelein, c'était son fils aîné, qu'il perdit en 1824, à l'école militaire de la Flèche, à l'âge de 16 ans.

ORLÉANS, Imprimerie de PELLISSON-NIEL.

SEUL ENDROIT EN VENTE,

A Orléans, à la Librairie de Pellisson-Niel,

Les premières Assises extraordinaires du Loiret, concernant les Vendéens. Affaires de MM. de Beauchamp, Rageot, Roujou et autres.

A Paris, chez Rolland, Libraire, quai des Augustins, n. 25.

Orléans, Imprimerie et Librairie de Pellisson-Niel.

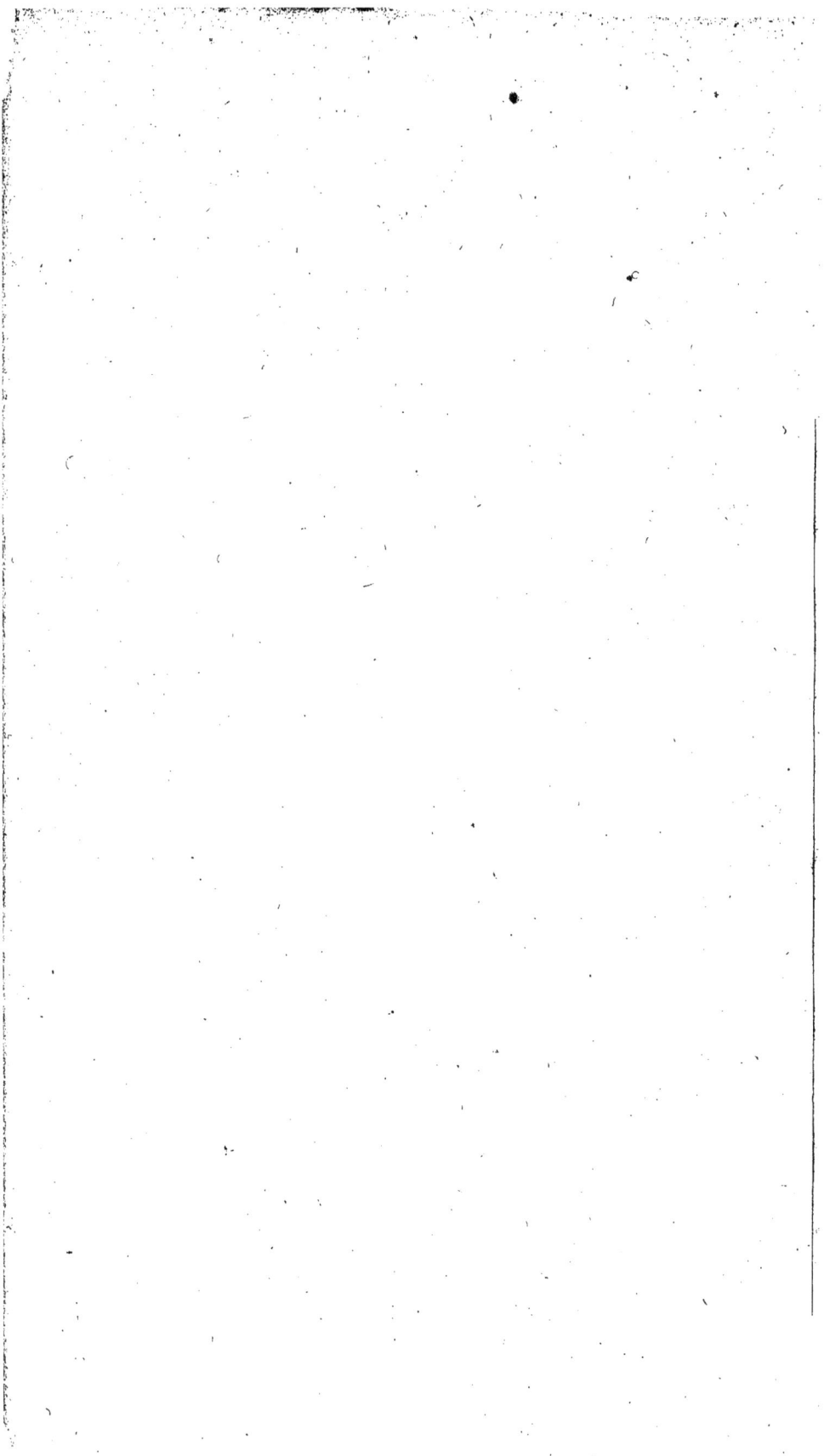

www.ingramcontent.com/pod-product-compliance
Lightning Source LLC
Chambersburg PA
CBHW070525200326
41519CB00013B/2934